일상의 수행
일상의 행복

일상의 수행
일상의 행복

초판 1쇄 인쇄	2024년 3월 6일
초판 1쇄 발행	2024년 3월 16일

지은이　　　이명희

표지그림　　김민재
본문그림　　이명희 & 김민재

펴낸곳　　　도서출판 동남풍
펴낸이　　　주영삼(성균)
출판등록　　제1991-000001호(1991년 5월 18일)
주소　　　　54536 전라북도 익산시 익산대로 501
전화　　　　063)854-0784
팩스　　　　063)852-0784
홈페이지　　www.wonbook.co.kr
인쇄　　　　문덕인쇄

ISBN 978-89-6288-054-0(03200)
값 20,000원

잘못된 책은 교환해드립니다.

일상의 수행
일상의 행복

이명희 지음

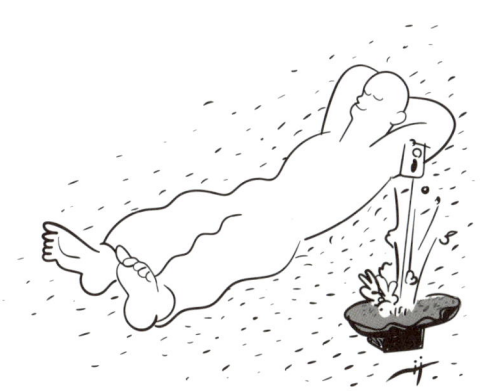

Dong Nam
동남풍Publing

명품 인격, 스마트한 인생을 위하여

가벼운 것이 좋다.
옷도 날개처럼 가벼워지면 좋다.
언어도 짧고 강하거나, 혹은 상큼하고 부드러운 것이 좋다.
물건값도 가벼워야 보급이 빠르다.

카드 한 장,
핸드폰 하나,
몸에 착 붙는 외출복으로 부담 없이 사람을 만나 수다 떨고
맛있는 거 사서 먹고, 최신형으로 뽑은 차를 운전하며
원하는 곳을 향해 달려가는 스마트한 현대인.

그런데 왜 명품을 사기 위해선
비용 부담이 따르는 노력을 마다하지 않는가?

수많은 사람이 함께 살아가지만
나는 소중하니까.
세상에 하나밖에 없는 존재로서
자신의 귀함을 차별화하는 방법으로
비싸지만 흔하지 않은 명품을 구하기 위해 노력하고
그 명품을 착용하고 명품을 수용함으로써
삶에 대한 충족감을 가지려는 것이다.

그 명품을 수용하면 행복이 충족될까?

사람으로서 인생을 통해 이루고자 하는 진정한 충족감은 무엇일까?
소태산 대종사는 20년이라는 긴 세월 동안 무엇을 구하기 위해 그토록 어렵고 힘든 수행에 열정을 쏟은 것일까?

그 옛날, 수많은 사람이 어디엔가 쌓여있다는 보물을 찾기 위해 죽음을 무릅쓰고 힘겨운 항해를 한 끝에 드디어 보물이 있다는 동굴에 다다랐다. 그러나 동굴 입구에 도착한 것이 끝이 아니었다. 사람들은 그 어두운 동굴 속으로 등불을 밝히며 들어갔다. 그리고 드디어 발견한 보물 앞에서 그들은 다시 싸운다. 자신이 혼자 차지하기 위해서 말이다.

소태산 대종사는 그 긴 여정 끝에 항해와 동굴이 자기의 내면에 있는 길임을, 그리고 사람이면 누구나 그 보물을 가지고 있음을 알아낸 것이다.

그리고 원하기만 하면 누구나 더 이상 자신이 헤매 온 긴 여정을 소모하지 않고도 보물을 발견할 수 있도록 탄탄대로를 깔고 이정표를 세워준 것이다. 인생의 충족감, 진정한 명품 인격과 명품 인생을 이룰 수 있는 정확한 방법을 '일상 수행의 요법 9조목'으로 간명하게 밝혀준 것이다.

명품을 선호하고 그것을 구하기 위해 노력하는 이유는 그만한 가치가 있기 때문이다. 사람으로 태어나서 참된 인생의 가치를 발견하고 탐구하고 완성을 향해 발전해 가지 않는다면 현재 누리는 풍족함에도 불구하고 하루하루 말라가는 작은 물웅덩이에서 헤엄치는 올챙이와 같은 안타까운 삶이 될 수 있다.

  이 책은 스쳐 가는 바람결에 맡아지는 아로마 향도 아니고, 친구끼리 주고받는 축약된 글은 더더욱 아니다. 오히려 씹을수록 맛이 깊어지는 내용이다.

  해외 교화를 하려면 적어도 그 나라의 언어로 한 시간 이상 서서 버티고 얘기할 수 있어야 한다고 한다. 독일 교화 초기에 일타원 이명희 교무가 매우 서툰 독일어로 1시간 동안 선禪에 대해 세미나 강의를 하고 나니 "다음에도 또 세미나를 하자"고들 했다.

  그렇게 독일 현지인들에게 소태산 대종사의 법을 전한 지 20년, 그에 더하여 언어는 물론 신앙의 정서가 전혀 다른 남의 땅에서 교법의 세계화에 적은 노력이나마 보태고자 한글과 독일어, 영어로 발행했던 쾰른교당의 교화 매체들은 거의 예고 없이 불쑥 원고를 내밀며 촉박한 시간 내에 독일어 번역을 부탁해 온 필자의 요구를 감당해 준 이명희 교무와의 합작품이다.

　소태산 대종사는 20년 길고 긴 수행의 세월 끝에 세상에서 가장 성능이 좋은 스마트한 여의보주를 손에 쥐었다. 원불교 경전이 10개 언어로 번역돼 있어 정말 다행이지만, 교전으로 다가가기 전에 다양한 교화 매체가 필요하다. 그리고 이러한 교화 매체는 현장의 체감온도와 교무의 교법에 대한 책임감에 의해 제작될 때 효과가 있다. 논리와 사상의 대국 독일에서 이명희 교무가 원불교학 박사이자 교무로서 원불교의 교법을 교화 현장에 전하는 데 책임을 느끼며 평생의 연구와 고민이 녹아든 이 책에 소견이나마 한 자락 곁들일 기회를 만남에 영광과 고마움을 담아 전한다.

　이 책 『일상의 수행 일상의 행복』을 통해 소태산 대종사가 길고 긴 여정 끝에 세상에 출시한 스마트한 일상의 수행으로 일상이 행복한 삶의 주인공들이 되시길 간절히 기원한다.

2024년 3월 1일
독일 쾰른교당에서
이원조 합장

목차

명품 인격, 스마트한 인생을 위하여 … 5

1부
인생 최고의 보물

1. 들어가는 말 … 15
2. 하늘에서 떨어진 작은 물고기 … 19
3. 식심 그리고 각심 … 22
4. 생명의 나이 … 26
5. 인생 최고의 보물 … 29
6. 어둠 속의 빛 … 33
7. 인생의 목적 … 39
8. 집달팽이의 주인 … 48
9. 인생의 절대 조건 … 51

10. 부처님을 기다리며 … 58

11. 인생의 목적은 … 63

12. 생명과 정신의 근원 … 72

13. 일원상의 진리 … 75

14. 일원상의 진리와 나 … 89

15. 사은과 나 … 106

16. 새로운 윤리의 좌표 사은사상 … 111

17. 천지자연의 도에 대한 통찰 … 117

18. 부모의 은혜에 대한 통찰 … 127

19. 동포의 은혜에 대한 통찰 … 131

20. 법률의 은혜에 관한 통찰 … 136

21. 일체유심조 그리고 나 … 145

22. 고와 낙 … 148

23. 내 삶의 결정적 종자 … 153

24. 마음에 대한 명상 … 162

2부
영보국의 주인

1. 마음의 요란함을 잠재우기 … 171
2. 알음알이의 회복 … 194
3. 행복을 쌓는 실행력 … 201
4. 마음의 운전 수칙 … 212
5. 은혜의 맥을 찾아서 … 240
6. 보은의 세계 … 250
7. 자력의 길 … 254
8. 배움의 생활화 … 261
9. 배움을 나누는 길 … 267
10. 더불어 나누는 사회 … 272

에필로그

왕자와 거지 … 279

영보국의 주인 … 284

1부

인생 최고의 보물

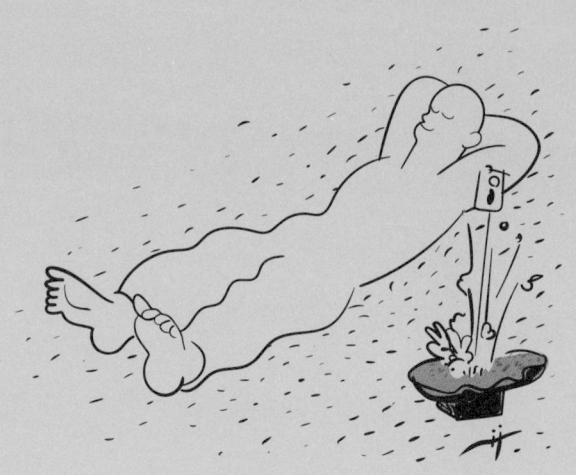

> # 1
> ❁
> ## 들어가는 말

역사를 되돌아보면 인류의 생활이 진화와 발전을 거듭해 온 것은 부인할 수 없는 사실이다. 그런데 생각해 본다. 과연 그것은 무엇을 위한 진보이며 발전이었을까. 맹수와 적들의 공격으로부터 안전을 보장받는 튼튼한 집과, 기약 없는 세월에 허기진 배를 안고 사냥감을 찾아 헤매다니지 않아도 기본적인 의식주의 해결이 가능하게 되었다면? 지속적이고 안정된 먹거리와 더욱 부드럽고 포근한 숙면을 취할 수 있는 환경이 주어지게 되었다면? 그리고 다들 알다시피 당연히 그 이상의 세상을 이루기까지…. 생각하면 놀라운 발전이요 진화인 것은 분명하다. 하지만 단언컨대 이것이 인류가 지향하는 진화와 발전의 종착점은 아닐 것이다. 어쩌면 단지 진정한 진화의 시작에 불과한 것일 수도 있지 않을까?

그렇다면 인류가 영장으로서 이룰 수 있는 가장 높은 가능성은 어떠한 것이며 무엇이 인생의 핵심사가 되어야 할 것인가? 인류는 무엇으로 영장이 되었는가? 어떤 조건을 충족시키고 인간이 되었기에 만물 중의 영장이라고 스스로 자부하게 되었는가? 또한 우리는 인류문화의 어떤 면을 통해 인류의 지속적인 진화를 꿈꿀 수 있을 것인가? 인류는 지구상에 존재했고 존재하는 헤아릴 수 없는 생물체 중 뛰어난 지능과 사회적 조직력을 대표한다. 그렇다면 우리는 인간으로 존재하는 동안에 무엇을 함으로써 그 기간을 의미 있게 할 수 있을 것인가? 이러한 물음들은 인류의 영장적 존재로서의 지속가능성과 함께, 어쩌면 사람으로 살게 된 행운의 기회를 가장 제대로 활용하는 길에 대해 매우 의미 있는 담론을 이끌어 내게 될 수도 있지 않을까?

이 책은 한국이 낳은 위대한 스승 소태산 박중빈(1891~1943)의

사상이 집약된 '일상 수행의 요법'을 공부하며 수행자로서 떠오르는 생각을 모아본 것이다. 소태산은 조선[구 대한민국]이 일본제국주의 침략에 신음하던 엄혹한 시절, 철저한 일상의 관리와 훈련을 통해 한국인의 정신에 힘을 불어넣고자 전력을 다하였다. 특히 조국을 잃은 상실감에 비탄과 절망을 극복할 수 없었던 조선의 민중들에게 새로운 차원의 정체성을 확립하게 하였다. 그는 세계와 대한민국의 앞날을 예견하였으며, 이를 바탕으로 조선 민중에게 확고한 미래의 비전을 심어주는 동시에 냉혹한 현실을 견디어 내면서 꿋꿋하게 앞날을 준비해 나가도록 교육과 훈련을 쉬지 않았던 인물이다.

일상 수행의 요법은 단 아홉 개의 조목으로 이루어져 얼핏 보기에 단순해 보인다. 그러나 이는 전혀 단순하지 않으며 인생과 사회의 무한한 변화를 끌어낼 수 있는 놀라운 사상의 보고이기도 하다. 아마도 이 책을 읽으려면 주석이 없는 낯선 용어와 다소 익숙지 않은 사고를 대하여 어려움이 없지 않을 것이다. 그러나 한편 끝까지 읽다 보면, 자연적으로 어려움이 해소되고 새로운 이해가 생길 것을 바라는 마음으로 극히 일부를 제외하고는 일체의 용어설명을 과감하게 놓아버렸다.

　필자의 꿈은 이 책과 인연이 되실 분들과 더불어 소태산의 보석 같은 사상을 함께 음미하고 싶은 것이다. 나아가 어려운 시기를 견뎌내며 새로운 도약을 꿈꾸는 분들에게 새로운 시너지를 일으킬 수 있게 되기를 감히 바라는 바이다.

　이 책을 위해 문학박사이자 도서관 운동가이신 봉산 이혜화 님께서 교정과 조언으로 큰 도움을 주셨다.

2

하늘에서 떨어진 작은 물고기

지금부터 하는 이야기는 독일인 친구 마리타로부터 그녀의 오랜 친구 부부가 얼마 전에 겪은 일을 전해 듣고 옮겨 본 것이다.

평소 연못에 물고기를 키워보고 싶은 꿈이 있었던 A씨 부부는 마침내 이 계획을 실천하였다. 정성을 다해 자재들을 준비하여 연못을 파고 물을 채운 다음 작은 물고기들을 사다가 그 안에 넣어주었다. 그리곤 두 사람이 연못가에 앉아 사랑스러운 작은 물고기들이 물풀 사이로 헤엄치는 것을 보면서 행복한 시간을 보냈다. 이 기쁨을 함께 나누기 위해 때때로 친구들과 이웃을 초대하기도 하였다. 그러던 어느 날, 그 부부가 잠시 외출에서 돌아오니 기가 막히는 일이 일어나고 말았다. 집을 비운 사이 재두루미가 들이닥쳐 연못의 물고기들을 사냥해 갔는지 연못에는 단 한 마리의 물고기도 보이지 않았다. 부부는 허탈하여 슬픔에 빠져버렸다. 그런데 다음날, 그들의 한 이웃 여성이 찾아와 벨을 눌렀다. 그녀의 손에는 물통이 들려 있었다. 그녀는 예고 없이 찾아오게 된 사연을 다음과 같이 들려주었다.

어제 그녀가 길을 가는데 갑자기 하늘에서 무엇인가가 떨어지는 것이었다. 위를 쳐다보니 재두루미 한 마리가 날고 있었다. 그런데 바닥에 떨어진 무엇인가가 궁금하여 가 보았더니 상처투성이가 된 작은 물고기 한 마리가 맨땅에서 퍼덕이고 있는 것이었다. 상처가 심해 보였지만, '어떻게 좀 살릴 수 없을까'하는 마음에 손으로 품어서 집으로 가져갔다. 그리고 물통에 넣어주었다. 그런데 문득 이웃 A씨 부부가 얼마 전 연못을 만들고 보여주었던 일이 생각났다. 그렇다면 혹시라도 그 집 연못에 넣어주면 이 가엾은 물고기를 살릴 수도 있지 않을까 하는 마음에 이렇게 가져왔다는 것이다.

부부가 물통을 들여다보니 상처투성이이긴 해도 자신들이 사다 넣었던 물고기 중의 한 마리가 틀림없었다. 그리하여 한 마리라도 살려보리라는 마음으로 상처가 심한 그 작은 물고기를 조심스럽게 연못에 넣어주자, 한동안 그 작은 물고기는 꼼짝도 하지 않았다. 아마도 죽었나보다 하고 포기하려는 순간, 작은 물고기가 서서히 움직이기 시작하였다. 그 순간 그들 모두가 느낀 기쁨은 이루 말할 수 없을 지경이었다. 그런데 이게 끝이 아니었다. 작은 물고기가 움직이기 시작하자 갑자기 연못 사방 구석으로부터 재두루미에게 잡아 먹힌 줄 알고 포기했던 다른 물고기들이 그에게로 모여드는 것이 아닌가! 아마도 이들은 자신들의 친구가 살아 돌아온 것을 확인하고 안심과 기쁨으로 그 친구에게 모여든 것이었으리라. 이렇게 하여 부부는 전과 다름없이 색색의 물고기들이 헤엄치는 아름답고 평화로운 연못을 갖게 되었다.

3

식심識心 그리고 각심覺心

"혼돈과 꿈속에서 살던 우리, 취한 듯 살던 우리, 마땅히 갖춘 사람을 쓰지 않고 권세와 재산, 내용보다 형식을 쓰던 시대에 있던 우리, 외국의 문명과 물질을 보고 듣지 못한 우리, 하고자 하는 뜻을 품지 못하고 연구 없이 살던 우리, 직업 없이 놀고먹는 우리, 매일 수입 지출을 알지 못한 채 예산 없이 지내던 우리, 배움이 있고 없고, 남녀와 나이 차이, 선악이나 신분의 고하에 상관없이 두루 함께 믿을 종교가 없던 우리, 문벌 있고 가세 있고 문필이 유려한 사람이라야 종교인[유교]이라 하던 우리, 천인千人이면 천 마음이 각각이요 만인萬人이면 만 마음이 각각된 우리, 일만 물건의 근본과 끝을 알지 못하고 시비와 이해를 알지 못하고 한탄 원망에 그쳤던 우리, 분별하는 마음[식심, 識心]과 깨닫는 마음[각심, 覺心] 있는 우리로서 감각 없는 저 무정지물에게 소원 앙축하던 우리, 나의 일신 하나도 제도하지 못한 우리로서 여러 사람의 호주 되어 여러 사람의 앞길을 망하게 한 우리, …중략… 아직도 유감 되는 바는 신선한 생각, 새로운 태도가 모든 세상에 골라지지를 아니하며 또는 연구력이 완실치 못함인지 사실을 놓고 허위에 끌리는 바가 많으며 또는 응용하는데 주의심이 적어서 그러는지 실행하는 바가 드무니 교육을 받지 못하는 청년이며 변경할 수 없는 우리 노인들은 화피초목 뇌급만방[곳곳이 살기 좋은 세상이 되어가는] 이 시대를 맞아 되는대로 시간을 보내며 일없이 인생을 보내지 말고, 정신을 수양하여 부처님이 일러주신, 생명에는 나고 죽음이 없다 하신 이치와, 복福과 지혜를 함께 충분하게 갖추는 이치와, 인생이 괴롭게 되거나 혹은 즐겁게 되는 이치[원리]를 충분히 연구하여, 우리의 기거동작을 하게 될 때 행하고 행하지 않을 바를 단련하여 그에 대한 실행의 힘을 얻은 후에 수양으로 안정을 얻는 일과 연구로 진리를 알아가는 일과 행동에 할 것과 안 할 것은 가려 단련하는 일을 모든 우리 공부하는 동지들에게 알게 하여 괴로운 고통은 다 버리고 즐거운 기쁨으로 너나없이 영원토록 편안하고 즐겁게 살기 위해 …하략."

〈소태산, 『불법연구회 취지규약서』 설명 참조〉

식심識心은 인식하고 분별하는 마음이다. 이는 우주의 식성識性, 존재의 본능적 기능과 원리상 다르지 않다. 각심覺心은 이치나 원리에 바탕하여 스스로 깨닫는 마음의 능력이다. 인간은 뭇 존재 중에서도 특별한 인식능력을 타고난 존재로서 이는 인류가 만물의 영장이 될 수밖에 없는 큰 이유 중의 하나일 것이다.

소태산이 사용한 용어 '각심'은 원리적 인식을 통해 추론하고 깨달음에 도달할 수 있는 정신적 역량으로서 '불성佛性'과 같은 의미이다. 그런데 생물체의 분별 능력에 대하여 생각이 미치면 이것이 과연 반드시 인간에게만 속하는 것인가 하는 의문이 든다. 물론 문자를 통하여 언어를 단련하고 생각을 정리하여 세밀하고 깊은 정신적 체험에 이르는 능력은 예외가 되겠지만, 단지 몇몇 동물의 경우만 보더라도 적어도 본질적인 면에 있어서는 동물과 인간의 경우를 절대적으로 분리할 수 없으리라는 반성이 일어나곤 한다.

모든 살아있는 존재들은 생존을 위해 놀라울 만큼 머리를 쓰는 것을 본다. 그렇다. 결국은 '머리'를 쓰는 것이고 본능적인 정신력이 발휘되는 것이다. 한번은 집 안에 쥐가 들어왔다. 고양이와 합동으로 천신만고 끝에 쥐를 자루에 잡아넣고 멀리 내다 버리려 들고 나가는데, 문득 기척이 전혀 안 느껴진다. 이를 살짝 확인하려는 찰나, 쥐가 바로 이때라는 듯 자루에서 탈출하여 튀쳐나갔다. 순간, 달아나는 쥐의 뒷모습이 눈에 또렷이 들어왔다. 그리고 그 뒷모습에서 느껴지는 무엇이 있었다. 단지 작은 쥐 한 마리라고 생각했는데 어찌나 자각적으로, 마치 자신이 지금 무엇을 행하는가를 명확하게 알고 행동하는 것으로 각인되던지. 결코 함부로 할 수 없는 존재감을 경험하게 된 순간이었다.

4

생명의 나이

 어느 한가한 봄날 책을 읽는데, 아주 작은 날파리 한 마리가 책 위를 기어다니다가 내 눈에 띄었다. 이 작은 존재가 나의 손이 제 위로 그림자를 드리우며 덮치는 것이 느껴지는지 정말 먼지보다도 작은 눈이 방향을 감지하며 이리저리 갈 곳을 찾는 것을 보았다.

 창가에 앉은 고양이는 아무 일에도 관심이 없는 듯 졸고 있지만 사람이 자리를 비우는 순간, 혼자서 마음에 담아 두었던 최상의 자리를 번개처럼 차지해 버린다.

　작건 크건 '존재'에게는 자신의 존재를 지키려는 생명 의지가 있다. 이 생명 의지가 제각각의 존재적 영속을 이끌어간다. 예를 들면 아주 작은 생물조차도 최대한 안전하고 효과적인 방식으로 제 개체들을 늘려갈 것이다. 각 종마다 종을 수호하려는 생명 지킴의 의지가 충만하여 그들의 대가 끊어지지 않음 또한 놀랍지 않은가? 그리하여 어떠한 적정한 환경만 주어지면 기회를 놓치지 않으며 번식할 수 있도록 항상 준비가 되어있다고나 할까.

　우주에 존재하는 수많은 종의 생명체들이 이처럼 강력한 생명의 의지로 충만하여 존재의 영속을 도모하니 결과적으로 우주의 전 공간은 보이지 않는 중에 팽창할 듯, 죽은 공백이라고는 없는, 생생한 생명의 에너지로 충만하게 된다. 이것이 생명의 자연성이자 우주에 기본적으로 흐르는 에너지의 정체라 할 것이다.

　동물들의 눈동자를 보라. 그 기민함과 영특함, 때로는 깊은 지혜가 느껴지는 눈빛을 보노라면 과연 동물들의 눈빛에서 나오는 영롱함이 인간의 눈빛보다 부족하다고 차별을 둘 수 있는가를 되묻게 만든다. 매, 갈매기, 심지어 작은 곤충조차도 철없이 방심하는 법이 없이 철저하게 자신의 안위와 세대를 책임지는 위엄과 혜안을 보여준다. 이들의 눈에서 보이는 것은 한두 살에 불과한 동물의 나이가 아닌 우주와 동일한 연륜, 생명을 책임지는 지혜 그 자체가 아닌가 하는 생각이 든다.

5

인생 최고의 보물

　씨앗이 적정한 토양을 만나면 영양과 햇빛과 수분의 적합도에 따라 대를 이어가고, 새 몸을 받고 나온 생명체는 하루살이에 불과한 미물조차도 자신의 존속과 안전을 지키기 위해 있는 힘을 다한다. 아프리카 사파리에서 사자에게 잡힌 사슴은 '사자가 보기에' 너무 놀라 기절해 버렸다. 이에 사자가 안심하고 잠깐 한눈을 파는 사이, 죽은 줄 알았던 사슴은 번개처럼 일어나 멀리 달아나 버린다. 일단 죽은 척한 것이다. 하지만 머릿속으로는 정확하게 기회를 보며 카운트다운을 하다가 '이때다' 싶은 순간, 즉시 몸을 날려 죽을힘을 다하여 멀리멀리 달아난 것이다. 이것이 끝까지 정신 줄을 놓지 않고 자신에게 주어진 생명을 지켜내는 동물들의 본성에 녹아있는 지혜일 것이다.

이와 같은 천연의 지혜와 능력은 당연히 우리 인간에게도 주어져 있다. 오늘날 인류가 동물과 차별화되는 삶의 환경을 이루어 수십억에 달하는 인류가 공존하게 됨도 이러한 능력을 발판으로 가능하게 된 일일 것이다. 그런데 소태산은 우리로 하여금 좀 더 깊숙한 내면으로 관심을 돌려 보도록 한다. 그리고 사람에게 주어진[아마도 그리 낯선 것은 아니겠지만, 따로 능숙해진 것도 아닌] 우리의 정신적 기능을 좀 더 구체적으로 들여다보도록 한다. 다음의 이야기는 우리 모두에게 일어났을 수도 있는, 아주 가까운 경험의 일단일 수도 있으리라 추정된다.

"저 분별없는 5, 6세 아해도 이 삼강령[수양, 연구, 취사의 세 가지 힘]을 쓸 때가 있나니 그것은 그 아해가 부모에게 항상 과자를 얻어 먹다가 하루는 부모도 없는 사이에 저 혼자 과자 생각이 났다. 그러나 그 둔 곳을 알지 못하여 이곳저곳을 찾는 찰나에 부지중 손에 쥐었던 장난감과 젖 먹고 어린양 할 생각까지도 다 잊을 것이요, 단순한 그 생각이 '과자가 어디 있는가?' 하는 한 생각으로 온전히 모일 것이며, 그 순간에 따라 제 생각대로는 그 둔 곳을 이리저리 궁리도 하여 볼 것이며, 따라서 제 마음에 없으리라는 곳은 놓고, 있으리라는 곳은 취하여 조사도 하여 볼 것이니, 이것도 그 어린 것이 수양의 방법을 알아 정신을 온전히 모은 것도 아니요, 연구의 방법을 알아 이리저리 궁리한 것도 아니며, 취사의 방법을 알아 이것을 놓고 저것을 취한 바가 아닌 것은 일반적으로 다 승인할 바이다."

〈『교고총간』제5권 54쪽〉

이것이 앞에 이야기한 동물들의 본능적인 생명 지킴의 지혜와 과연 많이 다른가? 사실 기본 유형은 유사하지 않은가? 필자의 생각으로는 이 어린아이가 일반 동물의 경우와 달리 조금 더 여유를 갖고 집중하며 흥분하지 않고 좀 더 끝까지 그리고 좀 더 정밀한 언어적 사고에 바탕하여 분석하고 행동하게 되었다는 것이 그 차이로 느껴진다. 바로 이 차이를 두고 소태산은 인류가 타고 난 놀라운 재능의 빛을 찾아낸 것이다. 이것이야말로 인간이 부여받은 많은 재능 중에서 최고의 정점을 이루는 것임을 깨달은 것이다. 그리고 이를 사람이면 누구나 갖고 있는 인생 최고의 보물이라고 하였다. 곰곰이 생각해 볼 일이다.

6

어둠 속의 빛

　원불교의 교조 소태산은 1891년 전라남도 영광에서 출생하였다. 그가 태어난 곳은 빈궁한 산골에 바다를 면한 농촌이었으며, 당시는 조선이 일제의 침략으로 신음하던 극도로 어려운 시절이었다. 그가 살았던 시기는 조선의 국민에게 지옥과도 같은 시간이었다.

　소태산은 7세 무렵에 우주 자연의 변화에 대한 깊은 의문을 시작으로 온갖 고난을 무릅쓰며 20년을 지속한 구도 끝에 대각을 이루게 되었다. 그는 세계적 혼란이 극심한 시대를 살면서 구도의 시기를 보냈으며, 자신의 의문을 풀어 줄 스승을 만나지 못한 채, 특히 고향마을을 벗어나지 않으면서 깨달음을 성취하였다.

소태산의 나이 26세가 되던 1916년 봄 어느날 새벽이었다. 구도와 국가적 어려움이 겹쳐 자신과 가정을 제대로 보살필 수 없어 생활고가 극에 달한 시점에도 끝까지 구도의 정성을 놓지 않았던 소태산은 자신의 정신이 극히 깨끗하게 맑음을 스스로 느끼면서, 다시금 정신을 모아 자신이 품어오던 의문을 스스로 걸어 보았다. 오래도록 바른 답을 안겨줄 스승을 만나지 못한 데 따른 고뇌와, 막막하기만 한 생존에 대한 근심조차 잊어버린 망아忘我의 입정삼매 끝이었다. 그는 유난히 맑고 가벼운 자신의 심신 상태를 확인하며, 직접 자신에게 질문을 들이댄 것이다. 놀랍게도 그토록 오래도록 찾아 헤매었던 의문이 자기 생각을 통해, 한 생각을 넘지 않은 채 그대로 확연히 깨달음이 되어 즉각적으로 답이 돌아왔다. 대각의 순간이었다.

그리고 마침내 깨닫게 되었다. 우주의 모든 존재가 생멸이 끊어진 하나의 바탕으로부터 비롯되었으며, 만유의 정신적 바탕이 원래 하나로 이루어져 있다는 것을. 또한 이 하나의 생명 바탕이 우주의 생명을 피워내는 동시에 서로서로 존재를 이어가는 생명줄이 되어, 서로가 없어서는 살 수 없는 존재의 기반을 이루고 있음을. 그리고 이렇게 오랫동안 품어왔던 묵은 숙제를 스스로 해결함과 함께 소태산은 보게 되었다. 사람의 정신 속에는 삶의 문제를 스스로 풀어갈 수 있는 신묘한 능력[자각의 능력]이 들어있음을.

투철하게 맑은 깊고 고요한 마음, 한 점의 망념도 없는 그 경지에서 스스로 그동안의 질문을 생각하자, 그 질문을 품어 자신으로부터 일어나는 한 생각을 통해, 다른 곳이 아닌 자기 내면으로부터 답이 나오게 되는 그 내면적 구조를 보며 동시에 깨닫게 되었다. 인간의 정신에 들어있는 능력이 어떻게 작용되는가를. 그리고 무엇과도 견줄 수 없이 맑고 고요한 바탕과 평화로움, 세밀하고 치밀한 분석력으로 사실과 부합하는 답을 찾아내는 자각적 기능과 이를 실행에 옮기는 능력에 관해 주목하게 되었다. 소태산은 이 놀라운 정신적 안정, 자각, 실행 기능은 인간이 타고난 최고의 기능이자 자산임을 확신하였다.

소태산의 미래에 대한 예견

그가 대각을 이룬 시점은 1916년 4월, 조선은 일본의 탄압을 받는 식민지라는 암울한 처지에 놓여 있고, 동시다발로 발생한 서구열강의 식민지 침탈로 세계는 혼란과 발전의 뒤엉킴 그 자체였으며, 국가들 사이에 약육강식이 당연하게 자행되던 시대였다. 이러한 때에 소태산은 그를 따르는 제자들에게 미래에 대한 전망과 앞으로 도래할 세계의 모습을 생생하게 알려주었다.

그의 전망에 의하면 인류사회는 일찍이 경험하지 못했던 과학문명의 비약적 발전과 그로부터 주어지는 자유를 만끽하게 될 것이다. 과학문명은 인간 삶의 편리함을 도와주고 그 편리함은 교통의 발달과 가사와 노동, 육아 등 분야를 총망라하여 한계가 없을 정도의 광범위한 영역에 걸쳐 확장될 것이다. 이처럼 무한하게 성장한 과학기술 문명의 덕으로 인류사회는 셀 수 없고 비할 수 없는 좋은 기구들, 쓸모 있는 귀한 물건들이 넘치는 시대를 만나 일찍이 경험하지 못한 초과학의 문명 시대를 살게 될 것이다. 예전 같으면 하루, 한 달, 혹은 일 년도 걸렸을 거리가 몇 분의 통화와 하루의 비행으로 가능한 세상을 살게 될 것까지도 예측하였다.

그리고 다른 한편으로는 이로부터 파생되는 중대한 상황을 예견하였다. 이 책의 내용을 이루는 아홉 개의 조항은 그 당시 소태산이 오래지 아니하여 닥칠 인류의 어려움에 대처할 방안을 미리 대비한 것으로 생각된다. 아홉 조항의 핵심은 인류가 각자의 정신적 중심을 보전하고 정신의 안정을 유지하면서 평화와 번영의 세계를 일구어 가기 위한 대안이라 하겠다.

그가 진단한바 인류에게 위기가 닥치게 되는 핵심 원인은 무한하게 발전을 거듭하는 과학문명과 이에 끝없이 이끌리는 인간의 정신적 중심력이 심각하게 허약해지는 것이다. 그리고 마침내 주종이 뒤바뀔 만큼 물질문명의 세력을 제어할 수 없게 될 것이라 하였다. 과학문명의 혜택이 무한히 확장되는 시대를 만나 눈으로 보이는 아름다움과 몸으로 누리게 되는 안락함이나 편리함은 점차 인류 대중을 과거의 제왕적 권위를 부러워하지 않을 지경으로 인도하게 되지 않을까. 심지어 이처럼 상상을 초월하는 물질문명의 발달로 인류는 더욱더 물질적 편리함과 안락에 안주하며, 이를 추구하게 될 것이다. 문제는 이처럼 급격한 물질 지상주의의 여파로 인류사회는 정신적인 쇠퇴를 겪게 되며, 삶의 격차가 매우 심하게 벌어질 것이다. 특히 인간적인 도덕성이 심각하게 훼손되는 사회가 될 것임을 예견하였다. 바로 현재 우리 인류가 경험하는 호사와 날로 심화하여 가는 어려움들을 그대로 본 것이었다.

7

인생의 목적

　소태산은 자신의 깨달음과 앞서 서술한 미래에 대한 예견을 토대로 인간이 인간으로서 할 수 있는, 그리고 반드시 해야 하는 핵심적인 일이 '정신을 수양하는 것'이라 하였다. 이것은 바야흐로 현대문명을 통해 인생을 제대로 즐겨보리라는 사람들의 희망과는 전혀 다른, 예상을 뒤집은 것과 같은 선언이 될 수도 있다. 소태산 선언의 전문은 "인생의 목적은 수양에 있고, 수양의 목적은 연구에 있으며, 연구의 목적은 혜복을 구함에 있다."이다.

　이 선언은 1932년 소태산이 제자들을 교육하기 위하여 만든

첫 번째 교재 『수양연구요론』 권두 서언에 해당하는 선언이었다. 당시 세상 사람들에게 '인생의 목적은 수양에 있노라' 하면 이를 이해하고 동참할 사람이 과연 몇이나 되었을까? 그러나 한편으로 긴 세월에 걸친 침략과 안팎의 수탈에 지친 끝에 식민지로까지 전락하게 되었던 긴 역사를 생각한다면, 소태산의 이 선언은 단순한 수양의 권고라고 하기에는 무언가 보다 근본적인 삶의 변화를 위한 절대 권고와도 같은 것이다.

소태산이 인생의 요도 첫 선언으로 수양을 꼽은 것을 과연 어떻게 이해하면 좋을까? 이에 대한 답을 찾으려면 상당한 노력이 필요할 것이다. 왜냐하면 이는 소태산이 20년을 바쳐 성취한 대각의 결실과도 밀접한 관계가 있다고 보기 때문이다. 앞서 서술한 바와 같이 소태산은 대각의 순간을 통해 자신의 정신작용을 직접 구체적으로 보고 경험하였다. 그것은 가장 고요하고 확고한 경지에 도달된 정신으로부터 말할 수 없이 맑고 밝은 기운이 조화를 이룬 극점의 순간에 일어난 경험이었으리라. 즉 자신의 정신 바탕에 일호의 먼지 하나도 일지 않은 정점을 통해 일호의 흔들림이 없는, 그러면서 생생한 생기로 충만한 경지에 도달한 순간, 일호의 삿된 마음이나 잡념, 얼부푼 감정이 사라진 정신의 진정한 바탕을 확인한 것이다.

　이 지극한 경지의 정신을 통하여 발현되는 분석과 판단의 내용이 지난날과 얼마나 다른 것이며, 비교할 수 없는 것인가를 본 것이다. 이는 소태산이 다른 세계로 이동을 한 것도 아니고, 다른 사람의 설명을 따라 생각한 결과도 아니다. 자기의 내면으로부터 도달된, 자신의 근본처에서 나온 변화요 결실이다. 이때 소태산은 오래도록 품고 있던 의문들을 하나씩 스스로 자문하여 보았으며, 이러한 의문들이 수월하게 한 생각을 넘기지 않고 확연하게 풀어짐을 경험한 것이다. 특히 중요한 것은 '내가 지금까지 참으로 많은 고생을 하고 살았구나.'라는 생각과 함께, '앞으로 살아가야 할 삶의 방향'이 잡혔다고 하는 것이다. 예컨대 '지금까지의 고생스러운 삶'이란 단순히 자신이 도를 얻기 위해 고행한 시간을 돌아보는 것에 그치지 않으며, 사람들이 살아온 삶의 방식들에 대한 새로운 인식의 눈이 열림과 함께 새로운 삶의 비전을 확인한 것일 터이다.

소태산이 제시하는 새로운 차원의 인생 모델

그것은 새로운 차원의 정신성을 구체적으로 단련하여 사람이 본래 가지고 있는 정신의 맑음과 고요함, 영특함을 회복하고 활성화하지 않으면 이룰 수 없는 것을 의미한다. 수양은 사람들이 갖고 있는 정신의 품성을 활성화할 뿐 아니라, 훼손된 자아정체성을 새로운 차원으로 성장시킴으로써 이를 바탕으로 진정한 의미로서의 성공적인 인생을 일구어 갈 수 있게 하기 위한 기초작업에 해당한다.

사실 인류의 독보적인 성장은 기본적으로 여느 동물의 경우와도 비교할 수 없는 안정적인 생활의 역사적 산물이라고 보아야 할 것이다. 비록 상대적인 차별과 경쟁을 초월할 수는 없다 하더라도 인간사회의 구성원에게 주어지는 삶의 기본과 환경은 현대에 이를수록 더욱 전대미문의 혜택이 되어가고 있다. 문제는 이 놀라운 삶의 조건을 배경으로 이루어지는 대다수 인류 삶의 유형은 유한한 물자와 조건을 두고 서로 다투거나, 의식주에 얽매어 다른 곳으로 눈을 돌리지 못한 채 고난의 하루하루를 보내고 있다는 사실이다.

말하자면 화려하고 편리한 현대문명을 살아가는 사람들의 내용을 들여다보면 매일의 일상을 충족하기에 급급한 나머지 각자가 천부적으로 타고난 정신적 역량의 개발은 꿈도 꾸지 못한 채 인생의 대부분을 불안정한 사회 속에서 의존적인 정신 상태로 살아가고 있다는 것이다. 이에 대하여 정신수양은 사람이 타고난 정신의 고요하고 맑은, 분별과 망상이 일지 않은 상태의 정신적 경지에 도달하기 위한 노력과 이 경지를 확장해 가는 학습을 의미한다. 왜 하필이면 수양이 가장 절대적으로 요청되어야 하는가? 불안정한, 흔들리고 혼탁한 상태의 머리는 잡음과 혼선으로 기능을 못 하는 모니터에 비유될 수 있다.

우리의 두뇌와 가슴은 오랜 기간에 걸쳐 진행된 불안과 근심으로 인해 원래의 고요하고 안정된 상태를 벗어나 고질적인 불안과 혼선 상태를 벗어나지 못하고 있다. 인류가 소태산과 같은 부처, 조사들의 깨달음을 통하여 정신의 원래 경지에 스스로 도달할 수 있는 길을 안내받았다는 것은 크나큰 행운이 아닐 수 없다. 소태산은 사람으로서 정신적 수행이 필수적임에 대해 '존재적 특성'과 관련하여 다음과 같이 밝혔다.

"유정물[마음을 가진 존재들]은 배우지 아니하되 근본적으로 알아지는 것과 하고자 하는 욕심이 있는데, 최령한 사람은 보고 듣고 배우고 하여 아는 것과 하고자 하는 것이 다른 동물의 몇 배 이상이 되므로 그 아는 것과 하고자 하는 것을 취하자면 예의염치와 공정한 법칙은 생각할 여유도 없이 자기에게 있는 권리와 기능과 무력을 다하여 욕심만 채우려 하다가 결국은 가패 신망도 하며, 번민 망상과 분심 초려로 자포자기의 염세증도 나며, 혹은 신경 쇠약자도 되며, 혹은 실진자도 되며, 혹은 극도에 들어가 자살하는 사람까지도 있게 되나니, 그런고로 천지 만엽[天枝萬葉, 천 갈래, 만 잎사귀]으로 벌여가는 이 욕심을 제거하고 온전한 정신을 얻어 자주력을 양성하기 위하여 수양을 하자는 것이니라."

〈『원불교 정전』 정신수양의 목적〉

마음속에서 분출되는 욕망은 반드시 조절되고 선택적으로 실행되도록 해야 함을 알 수 있다. 더군다나 한 존재도 아닌, 다양한 구성원들이 제각각 자신의 욕망을 이루고자 한다면 그 사회는 혼란과 고통 속에 파멸의 과정을 밟게 될 것이다. 이러한 욕망의 부덧침은 한편 생명력의 표현일 수도 있으나, 이는 꽃밭이나 숲에서 초목들이 제각각 꽃을 피우고 자라나는 것과는 전혀 다른 결과를 초래하게 된다. 욕심이 지나쳐 심지어 무기와 권력을 동원하여 욕망을 이루려 할 경우 엄청난 파괴와 살상을 불러오게 되기 때문이다. 존재의 욕망은 기본적으로 오관의 욕구를 충족하려 함인데, 서로 간에 혹은 여럿이 동일한 욕구를 향해 동시다발로 달려가는 상황이라면 충돌은 불가피하게 된다.

특히 인류사회는 과학문명의 현란한 개화를 경험하면서 인간의 욕망은 무한정으로 증대되었으며, 이 욕구들을 해소하기 위한 수단으로 돈에 대한 집착이 극대화되기에 이르렀다. 이 물질에 대한 집착과 돈에 대한 갈구가 급속히 증대되면서 목적을 위해서는 수단과 방법을 가리지 않게 되고, 때로는 천륜[天倫, 부모와 자녀 사이, 형제와 같은 혈연을 통해 맺어진 절대적인 인연 관계]도 무시하고, 의리나 염치도 외면하는 경우가 속출하게 되었다. 이것이 바로 물질과 편리 중심의 가치가 세상을 평정하게 되면서 도덕이라는 차원 높은 인간적 정신문화의 입지가 쇠퇴하고 있음을 입증하는 것이다. 이러한 일련의 사태에 대하여 소태산은 인류가 눈앞의 화려한 물질에 현혹되지 않고, "모든 재주와 모든 물질과 모든 환경을 선용하여"〈『원불교 대종경』 교의품 29장 참조〉 이상적인 인류사회를 만들어 가기 위해서는 무엇보다도 정신을 수양하지 않으면 안 된다고 본 것이다.

수양을 통해 정신의 중심력을 다지면, 인류의 자각 능력을 키워 필요한 곳에 정신을 집중하여 바람직한 결실을 이루어 낼 수 있게 된다. 소태산은 안정을 회복한 정신은, 기술문명의 용도를 바르게 이끌어 갈 것이며, 정신문명과 기술문명의 상호 연계는 매우 이상적인 문명사회를 가능하게 할 것으로 전망하였다. 인류의 성장단계로 볼 때 물질문명의 개화는 인류 역사에 있어서 중대한 기점을 알리는 하나의 터닝포인트로 볼 수 있다.

현대의 인류에게 주어지는 엄청난 문명의 혜택은 인류 역사의 노정에 사람들의 정신이 부쩍 성숙한 단계로 진입하게 하는 중요한 단계이자 중대한 기회가 될 수 있다는 것이다. 다른 말로 하면 물질문명의 개화는 인류가 전혀 다른 차원의 발전단계로 나아가는 시작에 해당하는 것일 수 있다는 말이 된다. 인류의 성장은 물질문명의 충족에서 그치는 것이 아니며, 그쳐서도 안 될 것이다.

인류의 과학 문명의 진화가 사람들의 정신적 성장으로 진전되지 않는다면 그것은 인류의 성장으로 평가될 수 없는, 부분적이고 일시적인 성장에 그치게 될 것이다. 아니, 오히려 그로 인한 부작용의 늪에 빠져 숱한 문제와 집단적 고통을 양산하는 현실적 지옥을 부추기게 될 수도 있을 것이다.

8

집달팽이의 주인

내가 살고 있는 도량 주위에서는 우렁이만큼이나 큰 집달팽이들을 많이 볼 수 있다. 어느 날 문득 아주 작디작은 1~2밀리나 될까 말까한 작은 집달팽이들을 보게 되었다. 이 작은 존재가 놀랍게도 똑같은 달팽이 집을 지고 기어다니는 것이었다.

이토록 작은 것들이 큰 것과 다를 바 없이 이미 하나의 집을 지니고 있다면 대체 어디에서 어느 순간에 그 집을 찾아들었을까? 아니 그렇다면 이 집달팽이가 집이 없던 때는 언제일까? 대체 어떻게 그 작은 것이 어느 날 집을 찾아 들어가 자리를 잡을 수 있었겠는가? 그 작은 집들은 언제 어디에 마련되어 있다가 이 꼬마 달팽이들을 위해 분양되었겠는가? 혹시 처음부터 집을 짊어지고 나왔다는 것인가? 말하자면 처음 태어나는 알 같은 집달팽이는 아예 처음부터 집달팽이로서 이미 조금 울퉁불퉁한 모양의 알로 나와서 자라면서 그대로 집달팽이로 살아가게 된다는 것인가?

무엇이 어찌 되었든지 간에 중요한 것은 집달팽이에 있어서 적어도 집이 먼저일 수는 없으리라는 것이다. 아무리 작아도 그것은 점 같은 알의 숨쉬기와 움직임을 따라 어미 집달팽이의 품 안에서부터 집달팽이의 모양으로 자라날 것이다. 아무리 작아도 집달팽이의 주인은 작은 새끼 달팽이며 그 집은 새끼 달팽이가 자기 분비물로 만들어온 새끼 달팽이의 집이라는 것이다. 말하자면 그 작은 집달팽이 속에서는 새끼 달팽이가 숨 쉬면서 몸집과 집을 키우고 있으리라는 것이다.

집달팽이가 이러할진대 그렇다면 사람은 어떻게 되는가? 사람의 몸이 과연 정신보다 먼저 만들어질 수 있는가? 사람에 있어서는 더더욱 몸이 먼저일 수는 없을 것이다. 그렇다면 사람의 몸과 정신은 함께 만들어지는가? 설령 정신과 육신이 함께 만들어진다고 해도 그 몸이 그렇게 만들어지게 되는 것은 정신의 작용이 없이는 불가능할 것이다.

정신이 들어가면 살아있는 몸이 되고 정신이 떠나면 죽은 몸이 된다. 그렇다면 정신은 이미 살아있는 기운을 의미하지 않겠는가? 그러므로 생명체의 핵으로서 정신은 육신을 키우고 운전해 가는 중심이요 주인이다. 즉, 사람의 정신이 물질을 사용하는 능동자의 입장이라면 물질은 어떠한 경우라도 사람에게 쓰이는 수동적 대상이 되는 것이다. 그런데 하나의 대상에 대한 지나친 욕망이 일어나게 되고 이 욕망을 통제하지 못하게 되면, 이 능동과 수동의 관계가 뒤바뀌게 되는 결과를 초래한다.

9
인생의 절대 조건

　사람이 세상을 살아가자면 절대적으로 필요한 것이 있다. 그것은 먹고, 입고 거주할 의식주 세 조건을 충족하는 것이다. 인류는 아침부터 밤까지 혹은 평생을 이 생명의 필요조건을 충족하여 가족과 더불어 살아가기 위하여 심신을 바친다고 해도 과언이 아닐 것이다. 우리가 모두 알다시피 사람은 육신으로만 살아가는 것이 아니다. 사람은 정신과 육신으로 이루어져 있기 때문이다. 따라서 사람이 살아가기 위해 가장 중요한 것을 밝힌다면 정신에 가장 필요한 것과 육신의 유지에 가장 필요한 것이라고 할 수 있다.

소태산은 이러한 구도에 따라 정신적으로는 정신의 안정력과 판단력과 실행력의 세 가지가 있어야 하며, 육신을 위해서는 먹을 것, 입을 것, 머물 곳의 세 가지가 있어야 함을 설파하였다. 즉 인생은 이들을 모두 합한 여섯 가지가 갖추어져야 비로소 그 기본조건이 충족된다는 것이다. 이상의 여섯 가지를 소태산은 여섯 개의 기본축[육대강령六大綱領]이라 일컬었다. 소태산의 육대강령은 사람이 생명을 유지하기에 필요한 요소 세 가지와 이를 마련할 수 있는 정신의 실질적인 세 가지 능력을 합한 것을 의미한다.

일반적으로 우리가 생각해 온 바에 따르면 이 중차대한 의식주를 마련하기 위한 필수요소는 다른 것이었다. 예를 들면 돈, 학력, 외모, 건강, 인연 따위가 일반적으로 거론되어 왔다. 그렇기에 세간에서 가장 중요하게 여기고 경쟁적으로 힘을 쌓는 것이 재산, 학력, 직장, 건강 등이 아니겠는가. 그런데 소태산은 인생의 의식주 세 조건을 충족시키기 위해서는 정신상의 세 가지[정신의 안정력, 일과 이치에 대한 사고판단 능력, 행동을 위한 취사력(잡고 놓는 힘)]가 없어서는 안 된다고 한 것이다. 그 이유로 생존 상의 의식주가 그중 한 가지라도 빠지면 단 하루도 온전한 생활이 불가능한 것처럼,

이 정신상의 세 가지 기능 역시 그중 한 가지라도 빠지면 정신적 기능을 제대로 수행할 수 없기 때문이라고 하였다.

  수양이 특히 중요한 이유는 사람의 정신상에서 안정이 결여된다면 사람으로서의 정신적인 모든 기능이 불가능하게 되기 때문이다. 식물이 땅에 튼실하게 뿌리를 내리지 못하면 성장은 말할 것도 없고 꽃과 결실도 기대할 수 없게 되는 것과 같다. 사람의 정신작용은 인생의 기쁨과 보람을 결정적으로 좌우하는 것이다. 즉 정신은 사람의 '핵'인데, 이 핵이 부실하다면 인생의 안정이나 결실을 기대할 수 없을 것이다. 따라서 예로부터 수양은 일부 승려나 수도인의 전유물이라고 생각하는 것이 일반적이었으나, 소태산은 사람으로 태어났다면 누구에게나 절대적으로 필요한 공부가 수양이라고 한것이다.

"우리 공부의 요도 삼학은 우리의 정신을 단련하여 원만한 인격을 이루어 가기 위해 가장 필요한 법이며, 잠깐도 떠날 수 없는 법이니, 예를 들면 육신에 대한 의·식·주 세 가지와 다름이 없다 하노라. 즉 우리의 육신이 이 세상에 나오면 먹고 입고 거처할 집이 있어야 하나니, 만일 한 가지라도 없으면 우리의 생활에 결함이 있게 될 것이며, 우리의 정신에는 수양·연구·취사의 세 가지 힘이 있어야 살 수 있나니, 만일 한 가지라도 부족하다면 모든 일을 원만히 이룰 수 없나니라. 그러므로 나는 영육쌍전[靈肉雙全, 몸과 정신 양면의 완성을 추구함]의 견지에서 육신에 관한 의·식·주 삼 건과 정신에 관한 일심, 알음알이, 실행의 삼 건을 합하여 육대강령이라고도 하나니, 이 육대강령은 서로 떠날 수 없는 관계를 가지고 한 가지 우리의 생명선이 되나니라. 그러나 보통 사람들은 육신에 관한 세 가지 강령은 소중한 줄 알면서도 정신에 관한 세 가지 강령이 중한 줄은 알지 못하나니, 이 어찌 어두운 생각이 아니리오. 그 실은 정신의 세 가지 강령을 잘 공부하면 육신의 세 가지 강령이 자연히 따라오는 이치를 알아야 할 것이다. 이것이 곧 본과 말을 알아서 행하는 법이니라."

… "보통 사람들의 생활은 한갓 의·식·주를 구하는 데만 힘을 쓰고, 그 의·식·주를 나오게 하는 원리는 찾지 아니하나니 이것이 실로 답답한 일이라, 육신의 의·식·주가 필요하다면 육신 생활을 지배하는 정신에 일심과 알음알이와 실행의 힘은 더 필요한 것이 아

닌가. 정신에 이 세 가지 힘이 양성되어야 그에 따라 의·식·주가 잘 얻어질 것이요, 이것으로 그 사람의 원만한 인격도 이루어질 것이며, 각자의 마음 근본을 알고 그 마음을 마음대로 쓰게 되어야 의·식·주를 얻는 데에도 정당한 도가 실천될 것이며, 생·로·병·사를 해탈하여 영생의 길을 얻고 인과의 이치를 알아 혜복을 구하게 될 것이니, 이것이 또한 참답고 영원한 의·식·주 해결의 길이라, 그러므로 정신의 삼강령이 곧 의·식·주 세 가지의 근본이 된다고 하노라."

〈『원불교 대종경』 교의품 18~19장 참조〉

요약하면 사람은 정신의 삼 건[수양력·연구력·취사력]이 구비되어야 생존의 삼 건[의·식·주]도 원만하게 구할 수 있게 될 것이며, 이렇게 하여 인생의 여섯 가지 줄기가 충실해져야 비로소 바람직하게 갖추어진 인생이 된다는 것이다. 문제는 인류사회에서는 역사상 아직 이 정신상의 세 가지 기본 기능이 제대로 인식되고 관리되지 못해 왔다는 사실이다. 대체로 사람들은 주로 겁이 없다거나, 기억력이 좋다거나, 행동이 민첩하거나, 혹은 사람이 마음이 좋아서 쉽게 양보하는 것 등으로 인물을 평하는 기준을 삼는 경우가 적지 않다. '신언서판'[身言書判, 풍모 말씨 문필 판단력]은 인격 판단의 대표적인 기준으로 자리잡아 왔으며, 심지어 실질적으로는 가문과 학력, 학연과 지연 등을 우선으로 꼽는 일이 비일비재하지 않은가.

이러한 대중적 가치관과 문화적 경향의 오랜 영향으로 아쉽게도 수많은 사람 중에 충분한 안정력과 바르고 빠른 판단력과 원만한 실행력을 두루 갖춘 인재를 만나기는 흔치 않다. 단지 현대 인류사적인 배경에서만 보더라도, 한편으로는 수많은 나라가 식민전쟁으로 부국강병이 가능하다고 믿고 살상과 침략을 정당화하면서 국가 간의 빈부격차가 심화되었다. 그리고 다른 한편으로는 인류가 산업혁명으로 촉발된 과학문명의 편리함과 안정을 경험하기 시작하면서 물질문명의 위력이 사람들의 의식을 압도하게 된 것이다. 이 때문에 사람들은 물질에 대한 몰입과 아울러 가치 있는 물질과 문명의 편리를 소유하기 위한 수단으로 '돈'에 대한 극도의 집착에 빠져들게 되었다. 이에 따라 인류의 관심이 그 어느 시대보다도 물질과 돈을 비롯한 외형적 가치에 치중하여 있을 때 소태산은, 인생의 목적은 수양에 있음을 선언한 것이다. 인생으로서의 가장 가치 있고 의미 있는 일은 부를 축적하기 위하여 다투거나 전쟁을 통해 한때의 부국이 되는 것이 아니라, 인간으로 태어났기에 특히 가능한 그 일[정신수양]을 하는 데 시간과 노력을 투자해야 한다고 한 것이다.

10

부처님을 기다리며

초등학교 시절, 우리 가족은 외딴집에 살았다. 외딴집에 화장실 역시 바깥에 있었다. 한 번씩 밤에 화장실을 가는 것은 나에게 심한 고역이 아닐 수 없었다. 가능하면 형제들이 동행하지만 어쩌다 부득이 '나 홀로' 화장실을 가게 될 때면 온갖 공포와 근심이 나를 괴롭히곤 했다. 그러던 어느 날 나는 '부처님께 빌면 어떨까. 부처님을 부르면 분명히 나타나셔서 나에게 일어날 위험한 상황을 처리해 주시겠지.'라는 생각이 들었다. 이러한 믿음과 함께 화장실에 갈 때마다 부처님을 생각하기로 했다. 그렇게 부처님께 '나 홀로 화장실행'에 도움을 구하려던 어느 날, 다시 한 생각이 일어났다. 다음은 내 생각 속에서 일어났던 일문일답의 내용이다.

'내가 위험에 처해서 부처님을 부르면 부처님이 나타나셔서 나쁜 사람이나 괴물을 물리쳐 주시겠지. 그런데 혹시 부처님께서 나에게 나타나셔서 물어보시지는 않을까?'
'"그래, 어떤 도움이 필요해서 날 부른 거지?"라고 하신다면?'
'과연 나는 그 상황을 바로 이해하실 수 있도록 설명을 해 드릴 수 있을까?'
'"현재 제가 당면한 상황이 이러이러하니 어떠어떠하게 도움을 주십시오."라고 구체적으로 분명하고 빠르게 상황을 말씀드릴 수가 있을까?'
'그뿐만 아니라, 내가 부처님의 구원을 간절히 바란다고 해서 과연 부처님이 내 눈앞에 나타나시게 되는 걸까? 혹시 시간이 걸리실 수도 있지 않으려나?'
이런 생각들이 연달아 일어나면서, 상상도 하지 못할 결론에 도달하고 말았다.

 '때로는 시간이 얼마 걸릴지도 모르고, 운이 닿아서 나를 도와주시러 혹여 오신다고 해도 구체적으로 필요한 도움을 선명하게 바로 말씀드려야 하는 것이 도움을 바라는 나에게 주어진 기본 임무라면, 아마도 나는 바로 정리해 말씀드리지 못하고 횡설수설하게 될 거야.'

 '더군다나 즉시 못 오시는 때도 있다면? 적어도 오실 때까지는 내가 충분히 상대를 판단하고 버티며 대적하고 있어야 하는 것 아닌가?'

 '아니 정말 그렇다면 부처님을 부르며 막연히 떨고 있을 것이 아니라, 설명할 마음의 자세와 함께 부처님이 도착하실 때까지 최소한 닥친 상황을 견디며 어떻게든지 나름 싸워내고 있어야 하지 않을까?'

 이상은 어린 나로서는 떨치기 어려웠던 두려움과 어쩌면 현실로 직면할지도 모르는 실존적 상황을 구체적으로 헤쳐가기 위해 아주 진지하게 사유한 경험의 일단이다. 이 난감한 사유 경험의 위력 아닌 위력이었을까? 어느 때부터인지 나도 모르는 사이에 화장실에 대한 불안이 상당히 해소되고 잊히게 되었다. 비록 어리고 들쭉날쭉한 사고의 경험이지만 이 한 때의 사유 경험은 오래도록 지워지지 않았던 것 같다.

그런 후에 원불교를 만나 삼학의 가르침을 접하는 순간, 막연히 타력적 구원에 의지하는 것보다 한 발 나아가 침착한 마음을 챙기고, 사태를 바르게 분석하고 빠르게 판단하며, 실천에 옮기는 것이 얼마나 중요한 것인지를 그대로 이해하고 받아들이게 되었던 것 같다.

삼학의 수행을 통해 삼대력이라는 실질적인 역량으로 뿌리내리기까지는 많은 세월과 훈련이 필요하겠지만, 어린아이의 마음속에서도 비슷한 발상이 훅하고 스칠 때가 있다. 마치 개구쟁이가 과자를 찾기 위해 자신도 모르게 구석을 찾아 쪼그리고 앉아 생각에 잠기는 것처럼. 그렇다면 이것을 구체적으로 단련할 기회가 없이 흙 속의 진주로 지나쳐 버리게 되는 것은 정말 아쉬운 일이 아닐 수 없으리라.

11

인생의 목적은

 현대처럼 안전하고 안락한 주거 공간과 시설, 그리고 안정된 시간이 보장된 인류는 일찍이 없었으리라. 그런 삶을 누리는 인류사회에 정신을 맑히고 수양하는 문화가 여기저기에서 꽃피게 되는 날이 올 수 있을까? 과거 인류가 아주 오랜 기간에 겪어왔듯이, 어두운 동굴에서 숨죽이며 불안에 떨며 밤을 보내는 것이 아니라, 안정된 공간에서 충분하거나 적어도 최소한의 온기를 누리며 안전한 가운데 한 시간이나 삼십 분이라도 정신을 원래 상태로 되돌리는 노력을 생활화하게 된다면? 사실 안전과 함께 쾌적

한 환경이라는 보장된 장소에서 각자의 정신을 내밀하게 집중하는 일이라면, 이러한 여건과 재능적 가능성은 오직 인간에게만 열려있는 것이다.

그런데 그 수양의 안전이 보장될 수 있는 이 황금 같은 시기를 통하여 자신의 가장 깊이 숨겨진 중요한 보석을 연마하지 못한다면 이 얼마나 애석한 일이겠는가? 심지어 그것이 인생의 진정한 목적일 수도 있다면? 누군가는 세상이 미쳐 돌아가는데 무슨 정신수양이냐고 할 것이다. 그러나 사실은 세상이 험하고 정신이 없으므로 더욱 정신을 수양해야 하는 것이며 영원한 미래를 대비할 수 있는 절실한 과제가 되는 것이다. 자신의 정신을 맑게 유지하고 현명한 판단을 내리며 바른 판단을 그대로 실행에 옮기는 것처럼 자신을 지켜주는 힘은 없을 것이다. 나에게 주어졌으나 그동안 알지 못했던 것, 가장 훌륭한 잠재된 재능을 다듬어 가는 기초작업이 수양이리라.

* **수양의 목적은 연구에 있다.** 소태산이 권장하는 수양의 목적은 흔히 생각되는 것처럼 머리의 열을 식히거나 긴장해소 혹은

한 걸음 더 나아가 수양을 통한 정신적 열락의 경지를 즐기자는 것에서 그치려는 것이 아니다. 심지어 소태산은 제자들이 수양을 위해 모든 것을 놓고 고요와 은둔을 구해 세속을 등지려 하거나, 대중이 일하는 낮에 홀로 독공을 위해 좌선에 몰입하는 경우를 절대적으로 금기시하였다. 무엇보다도 소태산은 수양에 집착하여 자신에게 주어진 책임을 소홀히 하는 것을 극히 경계한 것이다.

소태산이 지도하는 수양의 목적은 일차적으로 정신의 기본을 회복해야 한다는 것이 절대 명제가 되는 동시에, 안정되고 맑게 회복된 정신을 사용하여 바른 분석력과 빠른 판단력을 단련하기 위한 것이다. 수양을 위해 모든 분별과 망상을 내려놓지만, 맑게 안정된 정신으로부터 바르고 빠른 분별과 판단의 힘을 키우기 위한 것이다. 수양은 정신의 순화를 통해 안정되고 맑은 기운을 생성해 내는 것이라면, 수양을 통해 생성된 에너지를 최대한 활용하여 연구력이 생성되고 향상될 수 있도록 단련해야 한다.

현대사회에서 우리는 숱한 이동과 빠른 정보·통신의 흐름 속에 살고 있다. 이와 함께 사고 판단의 주체인 우리에게는 짧은 순간에 사태를 이해하고, 후회하지 않을만한 만족스러운 판단을 내려야 할 과제도 역시 상상을 초월하게 증가하고 있다. 말하자면 인간으로서 현대 과학 시대를 살아가면서 측량 불가의 많은 정보를 습득하고 이를 통하여 적실하면서도 빠른 판단을 내리는 살아 있는 지혜의 주인공이 되기 위하여 수양을 해야 한다는 것이다.

수양은 정신을 맑게 하고 순수하게 하는 질적인 변화를 불러올 수 있다. 특히 그러한 맑음과 순일한 집중력은 바른 분석과 빠른 판단력을 단련하는 데 사용되어야 한다. 그리하여 인간으로 살아간다는 것은 정신의 안정력을 키울 수 있는 절호의 기회인 동시에 한 걸음 더 나아가서 밝은 지혜의 힘을 키울 수 있는 절호의 기회이기도 한 것이다. 모든 인류는 각심覺心을 타고났으며, 훈련을 통해서 각심에 들어있는 연구력[살아있는 지혜의 힘]을 누구나 단련할 수 있다.

일반적으로 대다수의 어린이는 현대 인류사회에 적응하기 위해 10여 년의 학교 수업을 받으며 다양한 정보와 기술을 습득하게 된다. 이들에게 매일 미디어를 통해 제공되는 정보의 양은 가히 천문학적일 것이다. 그런데 여기에서 소태산이 의미하는 연구는 수양을 바탕으로 한 연구적인 사고력을 의미한다. 수양을 바탕으로 한다 함은 어떠한 상황을 만나게 되든지 흔들림 없는 안정력과, 유혹에 끌리지 않는 청정한 의식으로 상황을 분석하고 판단하는 것을 의미한다. 다시 말해서 상황이나 욕심에 끌려가지 않는 마음으로 관련되는 정보를 차별 없이 소화하여 상황에 맞는 판단을 끌어내는 역량을 키우자는 것이다.

정보의 수집은 매우 중요하지만, 언어능력은 정보보다도 우선시 되거나 동시적으로 학습이 이루어져야 한다. 그렇다면 정신상의 이 세 가지 능력[수양력, 연구력, 취사력]은 언어능력에 앞서 학습이 되거나 아니면 최소한 동시적으로 학습이 이루어져야 하는 것은 아닐까?

* **연구의 목적은 혜복을 구함에 있다.** 소태산에 의하면 수양의 힘과 밝은 지혜의 연구력만으로는 아직은 온전한 정신력에 이르지 못하며, 따라서 인생을 책임지는 정신력이 되지 못한다. 이유는 이 두 가지만 가지고는 인생의 의식주를 원만하게 책임질

수 없기 때문이다. 우리의 목적은 정신의 여유나 혜안을 얻는 데 그치지 않으며, 수양력과 연구력을 바탕으로 한 바른 결정을 원만하게 실행에 옮김으로써 실질적인 효과를 얻고 복을 성취하는 데 있다.

소태산의 목적은 지혜와 현실적인 복이 상충되지 않는 길을 우리에게 안내하려는데 있다. 당장은 화려하고 유복한 것 같지만 얼마 안 가 덧나고 사라질 복은 피하고, 당장은 미미해 보이지만 건강하고 바른 복을 키우자는 것이다.

정리해 보자면 인생의 가장 중요한 일은 정신의 안정력을 쌓는 일과, 이 안정된 기운으로 바르고 빠른 판단력을 키우는 것이며, 이 두 가지를 바탕으로 할 것과 하지 않아야 할 것을 착오 없이, 그리고 흔들림 없이 실행하는 실행력을 키우는 것이다. 이러한 세 가지 힘을 바탕으로 의·식·주를 마련하고 관리하기 위한 수행인 만큼 이는 당연하게 일상생활 속에서의 수행을 중시하게 된다. 일상에서 나의 마음가짐, 인연거래와 일의 처리, 나의 생활 습관 등을 총체적으로 바른 정신력으로 운영함으로써 의식주의 세 조건을 바르게 충족시켜 가도록 하자는 것이다.

혜복의 성취는 정신의 세 가지 조건을 통해 인생의 충실한 결실을 거두는 것에 해당한다. 항상 정신의 힘[마음의 힘]을 충실하게 함으로써 한 사람의 인생을 확실하게 책임지는 주체의 역할을 바르게 수행할 수 있게 하자는 것이다. 우리의 인생이라는 노정에 하나의 단순 생명체로서 먹고 입고 거주하는 그 이상의 목적의식을 세울 수 있게 하는 것이다. 육대강령의 길은 정신의 힘이 중심이 되어 바르고 참된 자아의 확립을 통하여 인생의 주인이 되어 사는 법을 밝힌 것이다.

"… 우리는 제불 조사 정전正傳의 심인心印인 법신불 일원상의 진리와 수양, 연구, 취사의 삼학으로써 의식주를 얻고, 의식주와 삼학으로써 그 진리를 얻어서 영육을 쌍전하여 개인, 가정, 사회, 국가에 도움이 되게 하자는 것이니라."

〈『원불교 정전』 제16장 영육쌍전법〉

위의 내용을 풀어보면 첫째, 우주의 바탕과 질서에 대한 바른 이해를 통하여 각 존재에 대한 바른 정체성을 확립하며, 이를 바탕으로 수양, 연구, 취사라는 정신적 삼 요소를 단련하자는 것이다. 즉 뿌린 대로 거두는 진리[인과보응의 이치]를 믿고 이에 부합하는 정신의 세 가지 노력을 통하여 생존을 위한 의식주 삼 요소를 구해야 한다고 한 것이다. 소태산은 우주의 근본 바탕과 원리를 이해하고 이를 바탕으로 세 가지 정신적 힘을 갖추어 가는 수행을 삼학 공부라고 이름하였다. 삼학을 통하여 의식주를 구하되 우주의 철칙인 인과보응의 진리를 믿고 노력해야 바람직하고 원만한 의식주의 길이 마련된다는 것이다.

둘째, 의식주는 삼학을 지속할 수 있는 생존의 안정을 보장하며, 삼학은 의식주를 바르고 효과적으로 구하는 바른 도의 역할을 수행한다. 이것이 곧 영육을 쌍전하는 길이 되는 동시에 개인으로부터 가정, 단체에 이르기까지 안팎으로 불행을 피하고 행복과 발전이 있는 삶의 형태를 구축하게 한다. 소태산은 정신적 성장과 현실적 생활을 병행하는 균형 있는 삶의 모범으로 영육쌍전의 삶을 제시한 것이다. 결국 육대강령은 생활과 정신적 수행의 병진을 뜻한다. 특히 수도修道와 생활이 나뉘지 않음에 그치지 않고, 수도와 생활이 서로 도움을 주며 병진해 가는 삶이 바람직한 인류의 삶의 형태가 되어야 한다는 것이다.

  소태산의 『육대강령』 선언이 의미하는 바를 정리해 보자면 다음과 같다. 일반적으로 인생의 요건이 의, 식, 주라고 단언하는 것은 그 의미가 한편에 치우쳐 있게 되므로 이 단언은 적합하지 않다. 인생의 중심은 정신의 안정[수양력], 지혜[연구력], 바른 실행[취사력]과 의[의복], 식[식량], 주[주거]라는 여섯 개의 줄기가 되어야 한다는 것이다. 육신의 세 요소는 생존의 기본이지만, 정신의 세 요소는 육신의 세 요소를 바르고 원만하게 영위하기 위한 기본이 되기 때문이다. 이 여섯 가지 기본을 갖출 때 인류의 생활이 정신과 육신 양면의 충족이 가능하게 될 것이다. 나아가 인류사회의 제도와 문화가 정신적 가치와 괴리되지 않는 새로운 차원의 삶으로 전개될 수 있을 것이다.

12

생명과 정신의 근원

우주의 진리

　소태산은 우주의 근본 바탕과 원리에 대한 깨달음을 바탕으로 정신의 세 가지 속성[수양력, 연구력, 취사력]을 발견하였다. 소태산이 깨달은 우주의 진리는 우주 전체를 총괄적으로 주재하는 우주 대자연의 근원적인 이치를 말한다. 근원적인 이치란 모든 이치가 수렴되는 궁극적이고 근본적인 원칙이다. 이는 우주 만유를 총괄하는 불변의 원칙이 되는 동시에 우주 내의 그 어떠한 존재도 이로부터 제외될 수 없는 불변의 바탕을 이루고 있으므로 이를 근원적인 체성體性이라고도 한다. 다시 이 말을 뒤집으면 우주의 모든 존재에게는 궁극적으로 하나의 진리가 공유되고 있다는 것이 된다. 이 공통의 생명 기반을 축으로 사람과 사람, 존재와 존재는 분리될 수 없는 연결을 이루고 있다. 이 근원적인 원리는 보이는 대상이 아니면서 우주 전체의 바탕을 이루는 동시에 일체의 변화 속에 내재적으로 작용하는 원리이다. 하나의 원리에 귀속되는 전 존재는 결과적으로 하나의 몸체를 이루게 되며, 하나의 몸체를 통어하는 원리는 절대적인 인과의 틀을 이루어 한 존재도 이 원칙을 벗어날 수 없다.

소태산은 이 보이지 않는 무한의 바탕체를 우주적 심체心體라고 하였다. 우주적 심체는 형태를 취하지 않으나, 역력하고 당연하게 우주의 전 공간을 채우고 있다. 마치 인간에게 있어서 한 사람을 총체적으로 주재하는 것은 보이지 않는 인간의 마음이듯이. 우주에 있어서 이 보이지 않는 심체는 누구도 거스를 수 없는 천리天理, 인과보응의 이치로써 우주 순환의 축을 이루고 있다. 맨눈으로 볼 수 없는 마음이 육신의 바탕을 이루면서 모든 움직임과 생각을 이끌어가는 주인공을 이루는 것처럼. 우주 만유는 보이지 않는 바탕과 그 바탕에 내재한 하나의 근본원리에 의해 일체의 작용[성주괴공의 순환]을 하게 된다. 소태산은 이러한 우주의 성주괴공 순환을 주재하는 근본 이치[진리]를 대각한 후 자신이 깨달은 그 진리를 "일원상의 진리"라 이름하였다. 그 진리의 내용은 세 가지[텅 비어 있음, 공空. 전체가 하나를 이루어 있는 바탕 자리 / 두루 인지함, 원圓. 부족함이 없는 밝은 알음알이 / 바르고 적정한 실행, 정正. 집착이나 오류가 없는 실행]로 밝혔다. 이는 우주의 진리가 작용하는 근본원칙을 밝힌 것이다. 사람의 성품에 들어있는 세 가지 기능은 우주의 진리[심체]의 속성과 근본적으로 동일한 것이다.

13

일원상의 진리

 소태산은 일원상의 진리를 공·원·정의 세 가지 속성으로 밝혔다. 이제 그 내용을 탐구하여 정리해 보자면 다음과 같다.

공空

 '공'은 비어 있음을 뜻한다. '비어 있음'이란 무아無我 즉, '내가 없음'이다. 우주적 원형을 이루는 생명의 장으로서 일원상의 심체가 지니는 특징은 고요하고 정화된, 그러면서도 생생약동하는 생명의 기운으로 충만해 있다는 것이다.

'공'은 우주 대자연의 중심 바탕으로서 만유가 생성되기 이전의 원래 상태를 의미하는 동시에 만유가 소멸하여 궁극으로 회귀하는 근원의 상태를 표현한 것이다. 궁극에 이른 그 자체로서 생의 바탕이 되고, 궁극에 도달된 그 자체로서 삶의 회귀처가 된다. 우주의 원래 바탕이 되는 이 자리는 무한 무량의 생명력 혹은 생명의 원천이자 귀의처 그 자체로서 떳떳한 생명의 기운이 충만한 경지를 뜻한다. 이 자리는 새로이 생겨나는 것이 아닌[불생不生] 우주 원래의 영원한 생명성이며, 더 이상 소멸될 수 없는[불멸不滅] 생명의 바탕체를 뜻한다.

다시 말해서 이 경지는 존재의 시발처로서, 무엇이 형성되기 이전의 원래처라는 의미로 '비었다'는 것이지 고정된 무정지물無情之物 같은 사멸의 상태를 의미하는 '공空'이 아니다. 이를 '텅 비어 있음'이라 한 것은 형체성을 띠는 외관적 세계가 아닌, 무엇인가 형성되기 이전의 바탕으로서, 개별적 존재 의식조차 형성되기 이전을 표현하기 위한 것이다. 궁극의 경지는 시종을 논할 수 없는 무한의 바탕[바탕성] 그 자체이다.

소태산은 이를 '육안으로 볼 수 없으나 항상 떳떳하고 한결같아' 새로이 생성되는 것도 혹은 언제인가 사라지는 것도 아닌 '불변의 체성'으로 설명하였다. 최종으로 환원되는 자리이자 또한 새로운 바탕을 이루는 이 경지는 만물이 회귀[소멸하여 도달]하는 종착지이므로 더 이상의 소멸이 진행될 수 없는[불멸처不滅處] 경지이다.

또한, 이 자리는 생명의 바탕체로서 일체의 형상과 잔영과 의식의 그림자가 끊어진 경지로서의 소멸이지 생명적 바탕 혹은 생명성 그 자체가 사라졌다는 것은 아니다. 따라서 이 근원처는 죽은 먼지로서가 아닌 영령한 생명의 감응체로서 새로운 생명을 출발시키며 영원한 생명의 순환이 이루어지는, 생생 약동하는 생명의 본바탕을 이름이다.

무의식無意識의 공호

공은 아직 '나'라는 주체 의식이 형성되기 이전의 의식적 근원[근원적 식성識性]으로도 이해된다. 모든 존재의 존재 상황이 발생하기 전에는 개별존재를 스스로 인지하는 주체적 작용이 끊어진 상태이므로 일체의 상대적 의식 또한 공하여 있을 것이다. 이 자리는 단 하나의 존재적 의식도 남아있지 않은 경지이므로 일호의 생각이나 개별적, 상대적 감정 작용도 없고 과거의 존재에 대한 그림자도 끊어진 자리다. 이렇게 주관과 객관이 형성되기 전에는 자연히 분별과 차별이 끊어지고 일체는 하나의 몸을 회복하여 있게 된다. 하나의 몸을 이룬 경지에서는 주고받는 거래가 이루어질 수 없을 것이다. 따라서 어떠한 분별 작용도 멈추어 있음을 또한 '비어 있음'이라 할 수 있다. 동시에 이 경지는 투명하리만큼 맑아서 한 치의 오차도 없이 가림 없는 식별이 이루어지는 의식 상태와 비교할 수 있을 것이다. 이때의 의식 상태는 아무 분별도 행해지지 않지만 고요하면서도 생생한 기운으로 충만하므로 이 상태를 결코 죽음의 상태로 인식할 수는 없을 것이다. 오히려 어떠한 복잡한 일이라도 선명하게 분별해 낼 수 있을 만큼 쩌렁하게 맑은, 생명력이 충만한 경지라 할 것이다. 말하자면 자아적 인식을 초월한 가운데 생명 박동 상의 혼란이 일어나지 않는, 깨어 있는 초연한 생명의 배경을 공空으로 표현할 수 있다는 것이다.

무위無爲의 공

주객의 차별이 끊어진 가운데 초롱초롱하고 영롱한 생명의 기운이 충만한 심체는 그대로 멈추어 있음을 의미하지 않으며 무한히 박동하며 순환하는 생명의 장場 그 자체를 의미한다. 우주의 심체가 근본적으로 살아있는 것으로서 혹은 생명력의 기초로 인식되는 것은 우주의 근본적인 자각 작용을 바탕으로 마치 개별존재가 숨을 쉬듯 생명의 박동[반응 작용]이 영원한 세월에 걸쳐 행해지기 때문이다. 박동은 작동적인 인식과 동시적으로 행해진다. 우주의 생명을 초월한 박동과 우주적 기본 식력識力은 분리될 수 없기 때문이다.

따라서 우주적 분별은 가치적 분별을 초월한 절대 공정의 결과를 나타낼 수밖에 없다. 너와 나, 이익과 손해를 가릴 수 없이 그대로 일정하게 작용해 가므로 '살아있는 텅 빔'으로 묘사된다는 것이다. 이처럼 멈추지 않는 호흡의 파장은 끊어질 수 없는 영원한 에너지의 장을 이루며 우주 만유의 변화를 주재한다. 행하되 '함'이 없으며, 상대처가 끊어진 가운데 이루어지는 보응은 그 누구도 멈추게 할 수 없으며, 제어할 수 없다. 동시에 이러한 인과보응의 결과는 일체의 개별성이나 작위성을 초월한 무위의 반응 속에 감응이 이루어진다. 이를 '텅 빈 감응'이라고 할 수 있다.

소태산이 깨달은 바에 의하면, 앞서 밝힌 전 우주를 통틀어 '텅 빈 감응'으로 작용하는 인과보응의 이치가 곧 우주의 근원적 진리이다. 이 진리는 우주 내에 고정된 장소나 특성에 국한되지 않으며, 전 우주적 존재의 내면을 일관하여 흐르는 근원적 기류로도 비유될 수 있다. 우주의 내면성[진리]은 천지자연[만유] 허공을 통틀어 하나의 기운이자 원리로 박동搏動하며, 박동 그 자체로써 인과보응의 원칙으로 작용한다. 우주는 피조물이 아니며 그 전체로서 하나의 전신全身을 이루어 운행되는지라 이에 상대할 두 번째의 존재를 상정하는 것은 불가능할 것이다.

이처럼 우주를 전체적 바탕을 중심으로 본다면 우주[진리] 자체에는 '나'라는 존재 의식을 일으키게 하는 상대적인 '너'가 존재할 여지가 없다는 것이다. 스스로 영원한 생명의 바탕이 되어 '나'라는 관념과 상에 집착할 근거가 없는 우주의 인과보응 되는 이치의 감응 작용은 만유를 차별 없이 관통하게 되므로 인과는 평등 무사의 절대 원리가 된다. 우주를 한 몸으로 유전하는 우주적 박동에 의해 수송되는 모든 결과물이 티끌만한 오류도 없이 원인자[씨앗]에게로 정확하게 돌아올 수밖에 없는 이유이다. 이렇게 하여 우주적 심체는 우주의 살림을 '함이 없는 가운데' 무위無爲로 운전해 가는 공空의 특성을 보인다.

원圓
원만함, 주고받음이 없는 경지의 식성識性 발현

앞에서 밝힌 바와 같이 우주의 심체는 세 가지가 비어 있는 특성을 유추할 수 있다. 주체적인 아상我相, 인식의 상, 작용[행行]의 상이 비어 있다. 심체는 생멸을 초월한 무한 생명의 박동처이다. 이 가운데 심체는 '나'라는 존재로서의 주체 의식이 절멸絕滅된 경지로서 이에 따른 주관적 인식과 감응 의식의 세 가지 면이 공한 아공我空, 식공識空, 행공行空의 특성을 보인다. 심체는 이렇게 세 방면이 공空함으로 인하여 세 가지 방면의 신묘한 충족인 세 가지의 묘유妙有를 얻는다. 묘유란 신비로운 감응 혹은 결실이 나타남을 뜻한다. 또는 감히 의도하거나 원을 발하지 않았는데 결실을 거두게 되는 뜻밖의 현성을 의미한다.

그 묘유의 첫째는 **생명의 구족상**이다. 우주의 심체는 존재들의 빠짐없는 귀의처이자 시발처로서 아무리 작은 존재의 생몰生沒에도 관여하게 된다. 그 결과 우주는 한 곳도 결손이 없는 최대의 에너지 집합이 이루어지므로 이를 생명의 구족상이라 정리해 본다.

둘째는 **인식의 구족상이다. 우주의 전 존재가 차별 없이 들고 나는 자리에서는** 전체가 한 몸을 이루게 되므로 '주고받음의 거래'가 끊어지고, 오고 감의 분별이 끊어지며, 그 결과 통하지 않는 바가 없게 된다. 달이 차오르면 막힘과 차별을 벗어난 온전하고 원만한 광명이 나온다. 이것이 온전하고 원만한 밝은 식[識, 광명]의 드러남이다. 이러한 식[알음알이]이 공空함으로부터 드러나는 묘유의 발현이다.

우주의 식[識, 알음알이]은 언어를 초월한 깊고 고요하며 차별을 두지 않는 경지에서 나오는 묘유妙有인 셈이다. 식능識能의 작용은 심체의 생명성을 상징하고 박동하는 순환과 한 몸을 이루어 행해지게 된다. 우주의 박동과 이에 동반하는 식識은 영원히 진행될 것이므로, 단 한 순간도 멈춤 없이 우주의 변화는 어김없이 진행될 것이다. 보통 사람의 맨눈으로 보기에 변화가 바로 드러나지 않는 것은 그 변화가 지극히 섬세하고 자연스럽게 이루어지므로 인간이 즉시 감지할 수 없기 때문일 것이다. 우주는 혼란이나 망상에 시달림 없이 있는 그대로를 감지하고 인식할 뿐이다. 무한한 세월에 걸쳐 만유를 위한 생명의 포태를 제공하는 우주, 그것은 요란함이 없는 가운데 티끌만 한 속임수도 불가능한 초인식超認識으로 우주 전체를 생명으로 이끌어가는 운행이기에 정녕 경이롭다.

셋째는 **인과보응**[조화의 구족상]이다. 무위의 행이 이루어지는 '공정한 감응체'로서 심체는 가림 없고 차별 없는 인과적 보응을 보장한다. 진리는 다만 존재의 생각과 행동을 차별 없이 인지하며 심체의 순환[인과의 감응]을 통해 오차 없이 정확한 결과가 드러나게 한다. 내 편 네 편이 없으므로 차별이 없이 돌아가는 심체[우주의 진리]는 내면적으로는 영원한 생명의 바탕을 이루고 초월적 인식으로 반응할 뿐이지만, 현실상으로는 무한한 존재들 간의 주고받음과 순환이 이루어지는 생생한 현장[현실 세계] 속에 주어지는 정확한 결실이 된다. 인과 이치의 순환은 우주 자연의 형성, 현존, 허물어짐, 원천으로 돌아가는 대순환과 봄, 여름, 가을, 겨울이라는 계절적 변화 과정을 통해 뭇 존재들에게 하나의 바탕을 제공하는 동시에 하나의 순환 원칙으로 작용하고 있다.

소태산은 이를 "만유가 하나의 체성으로 이루어지고 만법이 하나의 근원으로 돌아간다."〈『대종경』 서품 1장 참조〉라고 표현하였다. 생멸을 초월한 바탕으로서 그 중의 단 한 부분도 생명적 파동[박동]이 단절됨이 없이 하나의 몸을 이루는 우주는 하나의 근본 원리가 그 파동을 주재하게 된다. 그것이 곧 원인을 따라 결과가 나오게 되는 인과보응의 원리이다. 우주의 전 공간에 인과보응의 원리가 작동되지 않는 곳은 없다. 인과의 원리는 우주공간이라는 하나의 몸체를 통해 각각의 움직임이 밀고 밀리며 작동되고 전달되는 물리적 생명의 파동 그 자체를 의미한다.

인과보응의 원리는 다양한 원인을 접수하며 멈춤이 없이 순환하는 우주의 운행을 통하여, 내가 상대에게 가한 행위는 상대의 반응을 통해 나에게 상응하는 결과로 돌아오게 한다. 누구나 자신이 한 행위의 결과를 피할 수가 없다는 것이다. 준 것에 비례하는 인과적 결과를 받게 되며, 받으면 또한 주게 되는 이러한 우주적 생명 반응의 구조로부터 우주 내의 어떤 존재도 예외가 될 수 없다. 원인을 따라 반응하는 인과보응의 원리를 이해하려면 밭에 씨앗을 심고 거름을 주고 가꾸면 정성을 들인 만큼 결실을 보게 되는 이치를 생각하면 가장 쉬울 것이다.

인류는 우주 자연이 한 몸으로 연결되어 봄, 여름, 가을, 겨울 사계절이 순환되는 이치를 깨닫고, 이 순환의 원리를 의지하여 봄철에 씨앗을 뿌리고 여름이나 가을에 식물의 속성을 따라 수확하게 된다. 말하자면 우주의 근본 몸체가 곧 인과의 보응과 우주적 변화를 이루는 조화의 전도체를 이루는 것이다. 식물은 처음에 심어진 자리로부터 싹이 나고 그대로 한곳에 서 있건만 꽃을 피우고 결실을 내는 변화의 수순을 거치게 된다. 어찌 된 일인가? 그것은 보이지 않는 대류[공기의 흐름]가 변화하고 온도가 바뀌게 되면서 주위환경과 자체가 함께 변화하게 되기 때문이다. 이 변화는 들여다보면 볼수록 상상을 초월하는 정확성을 드러낸다.

정正

중도中道로 이루어지는 무한한 변화 작용

우주의 보이지 않는 생명의 바탕은 우주 생명의 바탕으로서만 존재하는 것이 아니라 지금, 이 순간에도 무한히 존재를 피워내고 거둬들이는 작용의 총체 그 자체이다. 이 살아있는 생명의 거대한 기반을 바탕으로 각각의 존재 간에 무한한 관계와 주고받음이 끊이지 않는 가운데 영원히 살아있는 우주를 형성한다. 우주의 순환은 털끝만큼의 착오도 없이 전체를 아우르는 인식을 통해 이루어진다. 우주의 바탕은 자아라는 개념이나 자기 존재를 위한 집착을 벗어난 자리이다. 이는 한 생각이나 언어조차 개입할 수 없는 근본 몸체이자 원리로서 우주의 전 공간과 존재를 관류[貫流, 꿰뚫어 흐름]하고 있다. 이러한 순환의 흐름에는 한 생각조차 있을 수 없다. 전체를 통틀어 한 몸을 이루는 우주는 그 자체가 이미 한 몸이며, 한 몸을 이룬 경지에서는 따로 상대를 짓는 대상이나 분별이 있을 수가 없는 것이다.

이러한 절대 중심의 생명 기운을 통하여 우주 내의 존재들은 각각의 행위에 따라 공정한 결과를 배달받는다. 동시에 중요한 사실은 나[존재]의 생명적 행위는 계속 이어지며 감응도 연속하므로 한때의 결실에 자만하거나 좌절해서는 안 된다는 사실이다. 영원한 자만도 영원한 포기도 금물이다. 우주는 중도를 행하므로

누구 하나만을 살리는 것이 아니며, 동시에 누구 하나만을 추적하여 끌어내리려 하지 않는다. 식識의 작용에 있어서 고정된 사념이나 기억에 따라 잘잘못을 판정하는 것이 아니라 청정하고 편중되지 않는 기운으로 감응한다.

그러므로 하나를 잘못했다고 모든 것을 잃는 것이 아니며 다양한 각도의 다양한 행동이 그에 따른 총체적이고 공정한 감응을 불러들이게 된다. 우주의 무편중과 무착에 바탕한 실행은 공정의 표본이 되며 한편 이로 인하여 가장 많은 존재와 가장 충실한 생명의 총량을 담보하게 된다. 이것이 곧 모든 존재가 우주의 진리를 믿고 뿌리내리며 살아가게 하는, 만 생령의 터전을 이루게 되는 까닭이다. 그러므로 진리는 존재로 하여금 가장 믿고 집을 지으며 삶을 투자할 수 있게 하는 믿음의 대상이자 삶의 기반을 이룬다.

14

일원상의 진리와 나

"일원상一圓相은 참 일원一圓을 알리기 위한 한 표본이라, 비하건대 손가락으로 달을 가리킴에 손가락이 참 달은 아닌 것과 같나니라. 그런즉 공부하는 사람은 마땅히 저 표본의 일원상으로 인하여 참 일원을 발견하여야 할 것이며, 일원의 참된 성품을 지키고, 일원의 원만한 마음을 실행하여야 일원상의 진리와 우리의 생활이 완전히 합치되리라." 〈『원불교 대종경』 교의품 6장〉

소태산이 일원상의 진리를 밝히는 목적은, 우주 만유가 형체나 성격이나 이름은 다르지만, 동일한 바탕으로부터 태어나고 역시 동일한 바탕체[심체]로 귀일하는 이치를 밝힘으로써, 모든 존재가 근본적으로 나누어질 수 없는 하나의 뿌리를 가졌음을 알게 하려는 것이다.〈『원불교 정전』 일원상 법어 참조〉 또한 우주의 진리는 인과보응의 이치로 운행되므로 콩을 심으면 반드시 콩을 수확하게 되는 것처럼 각자가 몸과 마음으로 행한 것은 반드시 그에 해당하는 결과를 맞게 됨을 알게 하려는 것이다. 그리하여 세상의 어떠한 존재에 대해서도 근본적인 공경과 생명 존중에 바탕을 둔 공정하고 은혜로 충만한 세계를 함께 열어가도록 하기 위한 것으로 귀결된다.

소태산은 자신이 깨달은 우주의 진리를 하나의 원형[일원상]으로 상징하여 설명하였다. 일원상은 불변하는 우주 생명의 바탕이자 그 바탕이 지닌 속성을 알리기 위한 상징으로 제시된 것이다. 과거에도 여러 형태의 일원상 상징이 존재하였다. 소태산은 일원상으로서 우주의 진리와 사람의 본래 마음[각심], 성품을 상징한 것이다. 소태산은 일원상을 수행자로서 진리를 깨닫기 위한 공통의 화두로 제시하였다. 동시에 일원상의 원리를 삼학 수행과 연결 지어 수행의 표본을 삼게 하였다. 소태산이 일원상으로 상징한 우주의 진리[공·원·정]를 사람의 마음에 적용하면 모든 마음이 분화되기[분별작용이 일어나기] 전의, 혹은 모든 분별이 거두어들여진 일심의 상태, 그로부터 드러나는 묘유지妙有智, 중도적 정의행으로 설명된다.

우주의 모든 존재는 생명의 영원한 바탕에 뿌리를 내리고 가장 믿을만한 중도적 지혜로 우주를 운행하는 진리의 품을 의지하고 살아간다. 진리적 속성을 이루는 공원정의 내역은 인성의 기본속성을 이해하는 키워드이기도 하다.

사람의 성품 또한 우주적 바탕체[심체]가 갖고 있는 유무 초월의 비존재적 특성을 보인다. 사람의 마음을 '보이지 않는다'라거나, '텅 비어 보인다'고 하는 이유는 첫째, 어느 존재도 자기의 눈이 형성되기 전의 자신[생명의 바탕]을 알아볼 수 없는 것과 같은 이치에 의해 유추된다. 즉, 마음은 존재가 형성되기 이전의 '육안으로 식별되지 않는 존재 형식'을 갖기 때문이다. 이 초월적 존재의 상태는 더 이상 나누어질 수 없는 궁극의 생명 단계인 동시에 내 마음의 본래처를 의미한다. 불생불멸의 경지로서 더 이상 나아갈 것도 없고 더 이상 멈출 것도 없는 최초이자 최종의 경지이다.

 소태산은 사람들로 하여금 이처럼 우주의 생멸 없는 도와 인과보응의 원리를 그대로 부여받은 인간 자성의 원형을 믿고 모든 인간사에 수행의 자세로 임하기를 권장하고 있다. 사람들에게 절대자에 대한 생각이나 상상을 심어주는 대신에 우주와 자성의 원리를 선명하게 인식시킴으로써 진리의 사실적이고 속임 없는 보응의 시스템에 온전하게 적응하는 삶으로 이끌려는 것이다. 이는 영구적으로 부도나지 않는 불변의 시스템인 동시에 노력에 따라 무한한 결실이 보장되는 진리적 바탕에 삶의 뿌리를 내리도록 하기 위함일 것이다.

진정한 나의 이해

 만약 인류가 우주의 진리에 대한 각성이 생기고 우주의 진리와 자아의 관계가 불가분으로 맺어져 있음을 알게 된다면, 각자 인생의 자각적인 관리와 공동체가 지향하는 세계관의 확립에도 새로운 이정표가 주어질 것이다. 진리의 세계를 이해하는 사람은 자신의 언행이 초래하는 상대적 감응[우주적 감응]을 스스로 예측하고 대비할 수 있을 것이다. 이것은 곧 자율적이고 자발적인 정의의 실행이 가능함을 뜻하며 법의 제재나 위협적 존재를 통한 압박이 없더라도 스스로 순리를 거스르지 않는 인도적 사회의 실현이 가능하게 되는 길이다. 만일 인류의 정신이 점차 이러한 단계로 상승하게 된다면 상상을 초월하는 존재의 진화가 이루어지는 것이며, 인류 사회의 평화 역시 이러한 자율적 도덕성의 활성화에 정비례하게 될 것이다. 인류의 지성이 우주의 진리를 자각적으로 이해하게 된다는 것은 다름 아닌 우주의 메커니즘을 이해하게 됨을 의미한다. 우주적 메커니즘을 통해 존재의 중심인 정신의 구조적 속성을 이해하면, 진정한 나를 만날 수 있게 된다.

내 마음의 본질[공·원·정]의 원리는
생명의 원리이자 성품의 작용 원리

모든 존재에게는 앞에서 밝힌 바와 같이 공·원·정의 원리가 천부적으로 내재하여 있다. 차이가 있다면 우주의 전체적 운행은 철저한 공·원·정의 원리로서 운행되지만, 존재의 정신은 각각 사물이나 상대에 대한 상대적인 감정과 분별 의식, 관행에 끌려 원래의 순일성, 밝은 인식, 원만하고 공정한 심신 작용이 이루어지지 못한다는 사실이다. 소태산은 모든 사람이 그 정신에 내재하여 작용하는 진리적 메커니즘을 깨닫고 인생의 모든 순간 찾아오는 감정과 잘못된 생각으로 인한 장애를 극복하는 길을 제공하고자 하였다. 이처럼 근본원리에 바탕 한 의식이 작동되는 순간의 깨어있는 의식을 각심覺心이라 하였으며, 사람들이 각심을 통하여 우주의 진리적 작용을 깨닫고 바람직한 인생을 일구어낼 수 있게 되기를 원한 것이다.

각심은 근본 성품, 자성, 불성, 주인공 등의 다양한 호칭으로도 불린다. 소태산은 자성[自性, 각심]에 내재한 공·원·정의 세 가지 직능을 본격적으로 활성화하는 수행법을 삼학 수행으로 명명하였다. 삼학 수행은 내재적으로 잠재된 진리적 속성을 반복적으로 단련하여 자기화하는 노력을 의미한다. 세 가지 학습을 의미하는 삼학은 정신적 안정을 위한 수양 공부, 사리를 분석하고 판단하기 위한 연구 공부, 그리고 바른 것을 찾아 실행하려는 취사 공부를 뜻한다.

일원상의 진리를 바탕으로 사람의 마음 바탕을 이해하였다면, 그 마음 바탕을 어떻게 관리하고 단련해야 하는가?

"일원의 진리를 요약하여 말하자면 곧 공空과 원圓과 정正이니, 양성에 있어서는 유무 초월한 자리를 관하는 것이 공이요, 마음의 거래 없는 것이 원이요, 마음이 기울어지지 않는 것이 정이며, 견성에 있어서는 일원의 진리가 철저하여 언어의 도가 끊어지고 심행처가 없는 자리를 아는 것이 공이요, 지량知量이 광대하여 막힘이 없는 것이 원이요, 아는 것이 적실하여 모든 사물을 바르게 보고 바르게 판단하는 것이 정이며, 솔성에 있어서는 모든 일에 무념행을 하는 것이 공이요, 모든 일에 무착행을 하는 것이 원이요, 모든 일에 중도행을 하는 것이 정이니라."

〈『원불교 대종경』 교의품 7장〉

나에게 주어진 정신 본래의 기능이 원만하게 발휘되는 인생과 사회를 일구어가기 위해서는 무엇을 어떻게 해야 할 것인가? 그것은 무엇보다도 마음의 본래 자리에 갖추어진 세 가지 기능을 확연히 알고 단련하여 이로써 인생의 의미와 바른 행복을 가꾸어 가는 일이다.

첫째, 분별 망상을 내려놓고 스스로 안정에 이르는 능력을 기르기

마음의 본래처를 공[空, 비어 있음]이라 함은 분별의 망념이 쉬어 텅 빈 홀가분한 마음, 그중에 별처럼 총총한 기운이 충만한 경지를 의미한 것이다. '빈 마음으로서의 공空'은 죽어 멈추어 있다거나, 혹은 아무것도 없다는 것이 아니다. 선 수행 중 입정삼매에 들어 일호의 잡념이나 사심이 없는 가운데 말할 수 없이 맑고 총총한 정신의 상태를 경험했다면 그러한 것이 바로 소태산이 밝히고 있는 공空의 경지에 가깝다. 이 경지는 '있다'고 할 수도 없으나, 반면에 '없다'고 할 수도 없는 '유무를 초월한' 상태이다. 망념이 쉬어 비었다는 것이지, 심체 자체가 사라진 것은 아니다. 분별과 망념이 쉬어진 심체에 도달한 경지인 셈이다.

수행자는 분별과 망상이 없는 가운데 무엇엔가 끌려가지도 않고, 흔들림 없이 맑고 고요한 정신 상태를 회복하기 위해서 선을 수련하는 것이다. 이에 이르면 마음에 불안이 사라지고 고향을 찾은 것 같이 편안할 뿐 아니라 총총하게 맑고 안정된 기운이 자리 잡게 된다. 그러나 이 기운은 어디서 찾아온 새로운 상태가 아니다. 그저 나의 마음속 부유물이 걷히니 드러나는 내 마음의 본래, 그것이 드러나는 것일 터이다. 고요하고 맑은 경지에서 어떠한 경우에도 마음이 끌려가거나 주착하는 바가 없는 안정을 이루고 있다면 그것이 곧 사람의 본래 마음[空]의 경지이다.

공의 경지[空心]를 회복하기 위한 첫째 방법은 마음의 작용을 멈추고 있는 그대로 고요하게 놓아두는 것이다. 어떠한 대상이나, 어떠한 말도 생각하지 않는 상태로 돌아가 그 상태를 집중[觀]하는 것이다. 우리의 정신은 원래 그런 곳에서 나왔으나 수많은 삶의 경계를 거치면서 원래의 상태로부터 매우 멀어지게 되었다. 흐린 물을 그대로 놓아두면 점차 부유물들이 가라앉고 언젠가 깨끗한 맑음을 회복하게 된다. 오염된 공기도 오염을 가중하지 않고 놓아두면 다시 맑은 공기로 회복된다. 사람의 마음도 같은 원리에 의해서 회복된다. 사람의 흐려진 정신상의 부유물들은 어떠한 것일까? 그것은 온갖 분별과 망상과 지나간 생각과 감정에 대한 집착, 무수한 기억의 조각들이다.

　觀관하는 중에 난상들이 일더라도 이에 대해 동요하지 말아야 한다. 동하지 않는다는 것은 그에 상대하기를 멈춘다는 것이며 상대하지 않는다는 것은 그 생각을 이어가지 않도록 집중한다는 것이다. 더욱 중요한 사실은 사람의 정신은 고요하게 쉬어지는 상태를 좋아하는 천연성을 가졌다는 것이다. 소태산은 "정신이란 마음이 두렷하고 고요하여 분별성과 주착심이 없는 경지를 이름이요."라고 하였다. 고요하고 맑은 것이 정신의 본성이기 때문에 가만히 놓아두면 자연히 그 상태로 회귀 되어 동화가 되고 편안하게 여기면서 멈추어 있을 수 있다는 것이다.

　마음이 작용을 멈추면 자연의 원리에 따라 거칠고 무거운 것들이 점차 가라앉게 되고 정신은 원래의 맑은 상태를 회복한다. 이것이 곧 선을 통해 원래의 맑고 총총한 정신을 회복하게 되는 원리이다. 이 고요하고 맑은 상태가 나의 중심 의식이다. 이 의식에 집중하여 다른 외부적인 유혹에 끌려가거나 내면으로부터의 감정에 기울어지지 않도록 해야 한다. 이처럼 잡념과 사념이 비워지고 동시에 총총함이 충만한 상태를 유지하는 시간이 점차 길어진다면 이것이 진정한 공의 상태로 진입하는 동시에 정신의 타고난 본성이 체화되어 가는 증거일 것이다. 머릿속에 떠도는 모든 분별을 멈추고 마음을 총집중하여 오로지 일심으로 돌아가자는 것이다. 이 일심을 지속하는 가운데 의식의 일부가 외부의 형상이나 감각을 따라 좇아 나가려 함에 이를 멈추고, 내면으로부터 일어나는 갖가지의 감정이나 분별이 올라옴에 이를 멈추어 상대하지 않음으로써 청정한 정신의 본래 바탕인 공空의 상태에 도달하게 된다. 이러한 과정을 고요한 시간은 물론 일상의 순간들 속에서도 단련함으로써 흔들리지 않는 정신의 안정을 얻을 수 있다.

둘째, 묘유지를 드러내어 사용하는 능력을 기르기

각심覺心으로 자아의 중심을 세우고 철저하게 본원을 관하는 것이 수양의 요령이라면, 연구[견성]의 요점은 언어가 끊어지고 유무를 초월한 정신의 원래 자리를 투철하게 아는 것에서 비롯한다. 영원한 인과의 진리와 자신의 본래[진리적 자아]에 대한 철두철미한 이해와 확신을 바탕으로 정신의 본래 자리를 투철하게 인식하는 일이 중요한 까닭이다. '집'을 모르면 집을 찾을 수도, 머물 수도 없다. 정신의 본래성을 확고하게 안다는 것은 참 나[진리]의 정체성을 자각함을 의미한다. 그럼으로써 수시로 본원을 벗어나는 마음을 투철하게 관리할 수 있으며, 어떠한 외물에도 의존하지 않는 떳떳한 참 나를 상실하지 않게 될 것이다.

　마음을 비운다는 것은 모든 상대심[분별로 흩어졌던 마음]이 돌아와 하나 됨[일심]을 이룸이다. 비움은 일체의 집착과 상대심으로부터 벗어남을 의미한다. 주착과 상대심을 벗어난 자유로운[걸림 없는] 마음이라야 비로소 전체가 눈에 들어오게 된다. 전체를 볼 수 있을 때 소외되거나 빠진 곳이 없게 되며, 이로부터 모두를 고르게 살리는 원만한 지혜가 발현될 수 있다. 마치 구름을 벗어난 달이 만물의 형상을 비추어 내듯이 상대심 없이 드러나게 되는 이 원만한 지혜를 묘유지 妙有智라고 한다.

　원리에 있어서는 이처럼 원만하게 비추어 볼 수 있는 잠재력을 누구나 갖고 있다는 것이다. 전체를 인식하는 원만함을 위해서는 나 스스로 쌓은 울타리에 갇히지 않는 의식을 단련해야 하며 자신과 타인을 절대적으로 분리하지 않고 함께 살리려는 의식을 단련해야 한다. 이러한 의식으로 내린 결정이라야 경험을 활용하며 중도적이고 원만한 답을 찾아낼 수 있을 것이다. 이것이 정신에 잠재된 원만함을 살려내는 길이며, 빈 마음으로부터 드러나는 원만지圓滿智라 할 것이다.

수양이 되어 정신이 맑고 안정되면, 정보를 모아 바르게 분석하고 판단하는 데 일반적인 상황에서 하는 것과는 비교할 수 없이 정확하고 빠르게 유용한 결과를 얻게 된다. 각심에 들어있는 각성이 장애 없이 활동할 수 있게 되는 것이다. 이처럼 근본에 대한 주체가 서면 타인에 대한 상대심이나 자신에 대한 편착을 떠나서 사물의 상태가 자기 편향적으로 보이지 않는 전체적 인식이 가능하게 된다. 전체적 인식이 열린 다음이라야 상황에 대한 바른 분석이 이루어지며, 바른 분석이 선행되어야 빠른 판단을 내리는 것이 가능해진다.

백과사전식의 지식으로 아는 것은 많은데, 이 정보들을 바르게 분석하여 옥석을 가리고 선후를 분별하는 힘이 없다면 어찌 될 것인가? 소태산은 바른 분석에 바탕하여 어떤 결정을 내릴 것인지를 '빠르게' 판단하는 힘을 연마해야 한다고 하였다. 바른 분석에 이은 빠른 판단이 없으면 실행을 준비할 수 없다. 우주의 진리는 바른 분석과 실행이 나누어지지 않는다. 사람의 각심에도 분석과 판단, 그리고 실행으로 가는 노정이 잠재되어 있다. 이를 생활 속의 수행으로 이끌어 지도한 것은 소태산이 일상적 삶의 가치를 얼마나 중요하게 생각한 것인가를 단적으로 보여준다. 생활 속에서 삶을 회피하지 않는 바르고 빠른 판단력이 없다면 수행의 진정한 결실도 없는 것이라 할 것이다.

셋째, 정심正心의 취사로 중도적 정의를 취사할 수 있는 능력을 기르기

각심覺心에 잠재된 세 번째 기능은 정당함[바른 결정]을 실행하는 능력이다. 각심은 '내려진 결정'을 실행에 옮김에 있어 특별한 능력을 발휘하게 된다. 즉, 바르게 내려진 결정은 하나의 '모범안'으로서 마음속에 확실하게 각인이 된다. 이 각인된 결정과 비교하여 '틀린다' 혹은 '다르다'고 생각되는 경우에는 '아! 이것은 아니야'라고 생각하며 과감하게 내려놓게 될 것이다. 또, '맞다' 혹은 '이것이다'고 인지되는 경우에는 심신이 일심일기[한 마음 한 기운]로 반응하여 결단 있게 실행에 옮기게 되는 능력이 그것이다. 일반적으로 컴퓨터[AI]는 입력된 것만을 실행하도록 프로그래밍이 되므로, '스스로, 아! 이것은 아니구나' 혹은 '이것이 맞는구나' 등의 자각적인 판단이 불가능하다.

반면에 인간의 각심은 스스로 깨쳐 알고 인식하여 그중에서도 맞는 것, 결정에 상응하는 것을 가려가면서 선택적으로 실행하는 자각적 취사를 하게 된다. 때로는 옳다고 판단되는 일이 실행에 옮겨지게 하려 함에 죽음도 불사하는 용기가 솟기도 한다.

문제는 바른 결정을 실행하려는데, 눈앞에 오관을 자극하는 상황을 만나면 어찌할 바를 모르게 되는 것이다. 당장 눈과 귀와 입을 어지럽게 만드는 유혹이나, 심신이 오그라지는 공포를 당하더라도 정해진 그대로 실행할 수 있는가이다. 이러한 장애의 단계를 넘어서려면 물질과 정신의 근원을 철두철미하게 연마하여 어떠한 유혹에도 끌려가지 않는 정신적 주체와 중심이 견고하게 되도록 해야 한다. 또한 안으로는 감정적 기복[좋고 싫음]에 휘둘리거나 자신에 대한 집착, 혹은 가깝고 먼 인연의 차이에 따라 한편으로 기울어지는 마음을 극복하여 끝까지 흔들리지 않는 훈련이 필요하다. 이것이 투철한 일심의 힘이다.

아주 오랫동안 우리는 '감정적 동요나 친분'으로 인하여 중도를 벗어나는 것을 때로는 매우 관대하게, 심지어 당연하게 받아들였다. 정신과 물질의 관계, 정신과 육신의 관계를 모르거나 외면하여 벌어지는 사태의 심각함을 연구하기를 쉬지 않아야 한다. 그리하여 '끝까지' '바른 판단'을 실행하는 목표를 놓지 말아야 할 것이다. 누구든지 노력하면 이 흔들림 없는 각심의 중심을 통하여 좌고우면하지 않고 실행에 옮기는 힘이 점차 커지게 될 것이다.

바른 판단의 실행이 중요한 또 다른 이유는 세상에 일방적인 '정의'는 존재하지 않기 때문이다. 정의로움은 양쪽에 대한 '공정함'과 상황에 맞는 '중도행'을 아울러 광범위한 대상을 살리는 중도적 정의를 이루어 가기 위한 것이다. 그러므로 외물에 대한 유혹이나 '나'와 '내 것'에 대한 편착은 각심의 중도를 실행하는데 가장 큰 걸림돌이 된다. "모든 재주와 모든 물질과 모든 환경을 오직 바른 도로 이용하게 되려면…."〈『원불교 대종경』 교의품 29장 참조〉 집착과 편착을 극복해야 한다는 것이다.

정리하자면, 일원상의 진리[공·원·정]를 알고 이에 바탕하여 마음의 '공·원·정'을 단련하는 길이 '삼학 공부'인 것이다. 심지어 소태산은 이 삼학 공부[원래의 마음바탕을 벗어나지 말고, 묘유의 지혜를 살려 쓰며, 편중되지 않는 중도적 정의를 실행하는 훈련]를 '공부의 요도'[인생의 필수 공부 과목]라고 하였다. 삼학은 사람이 인생을 살아감에 있어 마음을 사용하는 최선의 방법을 밝힌 것이기 때문이다.

15

사은과 나
은혜의 덩치: 뭇 존재의 도움 없이는 살 수 없는 나

우주는 형태를 띠지 않는 보이지 않는 면과 형태로 이루어진 보이는 면의 양면으로 이루어져 있다. 그런데 예를 들어 보이지 않는 허공에 대해 살펴보면, 숨을 쉬어야만 존재하는 우주 내의 모든 존재가 허공을 통해 하나로 이어져[연결되어] 있음을 알 수 있다. 또는 물의 속성을 연구하면, 전 존재가 물을 바탕삼고 매개로 하여 하나로 연결되어 있음을 알게 된다. 즉, 우주의 보이지 않는 면을 통하여 보면 제각각 존재하는 것으로 생각해 온 개체적 존재들이 예외 없이 서로 연결되어 있으며, 서로 영향을 주고받는 관계로 이루어져 있음을 알게 된다.

소태산은 이 보이는 면과 보이지 않는 면이 한 몸을 이루며, 이를 바탕으로 형성된 존재들 간의 유기적 관계가 은혜와 살림의 구조임을 깨달았다. 필자가 숲에서 일하면서 작은 흙덩어리를 채취해 보노라면, 손바닥만큼 작은 땅 조각에 셀 수 없이 많은 종류의 풀, 이끼, 나무의 싹, 그리고 개미와 벌레들이 한 덩어리를 이루고 사는 것을 발견하고 놀라움을 금치 못하게 된다. 심지어 작은 콩고물만 한 흙덩이 하나에도 이미 이 땅 조각을 의지하고 있는 작은 나무가 최대한 깊고 넓게 뿌리를 뻗는가 하면 그 나머지 비좁은 틈새로 기어이 제 뿌리를 박고 자라나는 풀들에 이르기까지 이미 다수의 가족이 공존하고 있음을 본다.

그러나 이들의 관계는 다툼이 아니라, 철저한 상부상조로 이루어진다. 겨울의 살얼음 속에서 모든 식물이 살 수 없을 때, 이끼는 가장 먼저 땅 위를 덮기 시작하며 누구도 눈치채지 못할 만큼 보이지 않는 가운데 부드럽게 땅을 덮어 나간다. 너무 하찮게 보일 정도로 그리고 전혀 밉지 않은 부드러운 형태로. 그런데 그 부드러운 이끼 속에 허공을 떠다니던 점 같은 씨앗들이 안착하게 된다. 이끼의 포근한 품은 눈과 얼음으로부터 씨앗들을 보호하며 제각각 해당하는 날씨에 맞게 씨앗들이 발아되고 뿌리내리는 못자리판이 되어 준다. 말하자면 이러한 순서에 의해 눈에 띄지 않는 오랜 연결과 상호 협력으로 뿌리와 뿌리가 서로 엉키고 뭉쳐서 작지만, 단단한 생명의 덩어리를 형성하게 된다. 서로 없어서는 안 되는 생명의 조합이 되는 셈이다.

소태산에 의하면, 우주는 하나의 체성으로부터 무한한 변화를 거듭하는 가운데 헤아릴 수 없는 생명체들의 포태를 이룬다. 동시에 자손을 위해 희생적으로 헌신하며 어린 생명을 품고 보호하는 자비로운 부모의 은덕으로, 그리고 모든 존재 간에 필요한 것을 주고받으며 공존하는 동포적 관계로, 또한 진리적 깨달음과 영속적인 공생·공영을 가능하게 하는 법률의 도움 등 네 가지 은혜의 방향으로 형성되어 간다고 하였다. 이상 네 가지 은혜의 형성은 하나의 존재가 이 세상에 태어나 생존을 이루고 상부상조하며 더욱 지속적인 공존을 위해 없어서는 안 되는 절대 요소들이다. 이를 인식함을 소태산은 '없어서는 살 수 없는 관계'를 아는 것으로 표현하였다. 사람으로 살아가면서 이러한 근본적이고 총체적인 은혜의 고리와 이치를 모른 채 눈으로 확인될 수 있는 현실적인 이익만을 좇아 살기에 급급하다면, 오히려 성공의 확률은 점점 멀어질 수 있다. 모든 존재는 보이는 면과 보이지 않는 면의 양면으로 이루어져 있기 때문이다. 만약에 무엇인가를 구하되 보이지 않는 면을 함께 생각하며 공을 들인다면 결과가 드러나기까지 시간은 걸릴지언정 훨씬 자연스럽고 효과적인 결과를 가져오므로 성공의 확률이 높아지게 될 것이다.

소태산은 이 네 가지의 근본 은혜를 알고 이에 대한 감사의 마음을 지니며 은혜를 갚아가는 마음으로 마땅한 도리를 행하는 것이 곧 인생으로서 지켜야 할 핵심 도리[인생의 요도]라고 하였다. 그리하여 이 네 가지 생명의 범주 속에서 사람들이 상호공존을 실행하며 살아간다면 그것이 모두가 바라는 세상인 동시에 각자의 인생도 성공하게 되는 길이라 하였다.

세상은 이 네 가지 은혜[사은四恩]의 구조 속에 서로 간에 은혜를 주고받는 관계로 움직이고 있으며, 개개인은 사은의 구조를 벗어난다면 단 한 순간도 살 수가 없는 절대 생명의 고리로 연결되어 있다는 것이다. 이러한 '은혜의 구조'를 깨닫는 것은 사람으로서 하나의 절대적인 요청 사항이 되는 것이다. 결국 한 존재, 한 구석도 우주적 몸체의 일부로서 소중하지 않은 곳이 없으며, 상생의 가치관은 인류사회를 이끌어가는 도덕의 기본 축이 되는 것이라 하겠다.

16

새로운 윤리의 좌표 사은사상

 사람들은 대부분 외형으로 드러나 보이는 자신을 '자신'이라고 생각하고, 서로가 상대적으로 보이는 상대의 면면을 '상대'라고 인식하며 살아간다. 그러나 실상은 우리 개개인이 직면하고 사는, 보이는 세계를 중심으로 한 타인과 차별이 되는 '나'는 나의 일부분에 불과한 것이다.
 그렇다면 보이지 않는 나는 과연 어떤 부분인가? 그것은 모든 다른 사람들과 다른 세계와 이어져 있고 만나고 있는 부분이다. '그' 나는 부분의 내가 아니다. 이 보이지 않는 나는 지금 내가 싸우고 있는 사람과도 이어져 있고, 물건을 사고파는 사람들끼리도 이어져 있다. 놀랍게도 많은 사람이 이 '보이지 않는 나'를 모르는 경우가 많다. 그리고 무조건 내가 생각하고 아끼는 현상적인 나만을 위해 모든 노력을 쏟아붓는다. 사실은 이 보이지 않는 나를 '원래의 나'라 하는 것이 맞으며, 타인과 구분이 되는 나를 '현상의 나'라고 하는 것이 맞을 것이다. 보이는 나와 보이지 않는 나는 하나로 통해 있다. 보이지 않는 나의 부분에 흐르는 에너지와 현상의 나를 관류하는 에너지는 하나로 통하는 에너지이다. 이 보이지 않는 나를 통해서 들여다보면 지금 나와 사이가 좋지 않은 사람과도 나는 연결되어 있다. 보이지 않는 나의 부분은 점차로 확장되어 결국 전 세계와 나를 연결 짓는 근본 바탕에까지 도달하게 될 것이다.

 우주의 진리는 생명의 바탕으로서 가장 큰 생명의 품을 이루고 영속적으로 운행된다. 생하고 멸함이 없는 자리, 유무를 초월한 생명의 바탕체는 일체를 하나로 연결하는 근원을 이루는 동시에 우주 만유에 그 에너지가 전달되고 공유되는 시스템으로 운행된다. 우주의 운행은 사은이라는 범주를 통해 모든 존재가 의지하는 우주 천지자연의 품, 우주 안의 모든 어린 존재를 사랑하며 아낌없이 보살펴 주고 생존력을 키워주는 부모의 역할, 서로서로 이해하며 손잡고 협력하는 동포로서의 관계, 그리고 보이지 않는 자연의 질서와 사회, 국가적 공적 질서, 또한 사람들을 바른길로 인도하는 성자의 가르침에 이르기까지 생명의 지속과 보호를 위해 인연이 닿는 모든 곳으로 에너지가 공급되고 다시 거두어들여지는 은혜의 순환으로 이루어지고 있다. 우주 내의 어떠한 존재도 이 기본적인 은혜를 벗어나서는 존재 자체가 불가능하고 한 순간도 살아있을 수 없다.

 우리가 살다 보면 어느 순간 세상에서 내 눈에 보이는 마음에 드는 것들과 좋아하는 사람 말고는 관심도 없고 필요도 없어 보이는 때가 있다. 그러나 예상치 못한 일로 가족을 구하거나 자신의 건강을 치료하려 할 때 정말 필요한 것들은 평소에 한 번도 그 가치를 인정한 적도 없으며, 관심조차 둔 적이 없는 경우가 있을 것이다. 사람들은 흔히 현재 자신이 생각하는 것들이 세계의 전부라고 단정 짓기도 한다. 생각해 보면, 사람과 사람 사이에 있어서도 내가 좋아하고 필요로 하는 사람만으로 나의 인생을 꾸리는 것은 불가능하다. 예컨대, 서로 사랑하여 부부로서 가정을 일군 사이조차 그 인연 사이에는 좋고 싫은 인연이 곳곳에 섞여 있다. 만일 그중에 내가 원하는 인연만을 빼내려 하면 하필 그 좋아하는 사람과 연결된 가장 중요한 인연이 내가 가장 피하고 싶은 인연이 되는 경우도 있다. 내가 좋아하는 사람은 홀로 독립된 존재가 아니라 수많은 집단의 일부에 속하며, 그 집단 총체의 일부로서 현존하게 된 존재일 것이다. 이런 인과관계를 확대해 본다면 결국 이 세상의 어떤 존재도 하나의 가치로 판정할 수 없음을 알게 될 것이다. 내가 싫어하는 사람조차도 내가 좋아하는 사람을 위해서는 '없어서는 살 수 없는 관계'로 맺어져 있는 경우가 많기 때문이다.

모든 존재에게 있어 생명의 영위는 한마디로 절대 과제인데, 사은을 통해 자연적으로 혹은 근본적으로 주어지는 생명의 은혜를 모르는 체하거나 이해하지 못한다면 인간으로서 최소한의 도리[도덕]를 근본적으로 외면하는 것이 될 것이다. 은혜는 생명을 살리고 지속하게 해주는 은혜보다 더한 것이 없다. 나라는 존재를 위해 셀 수 없는 존재의 합력과 도움이 필요함을 알게 되면, 도움을 준 상대에 대한 감사의 마음과 함께 나 역시 무엇인가 상대에게 도움이 되기를 마다하지 않는 자연적인 헌신의 마음이 일어나게 된다. 이것이 바로 도덕성의 발현이라고 할 수 있다. 고마움은 깨달음의 경지에서 우러나는 정서이다. 그러므로 감사의 진정한 원천은 무엇을 현실적으로 '얻음'에서 비롯되는 것이라기보다는 우주적 생명의 구조를 알아챔에 따른 경이로움과 환희에서일 것이다. 사은에 대한 소태산의 가르침은 그 가르침을 받는 이로 하여금 사은을 통하여 우주의 전 존재를 빠짐없이 끌어안고 살려가는 진리의 심장부를 들여다보게 한다. 그리고 이로부터 자발적인 생명 존중과 상생의 도덕심을 진작시켜 준다. 사은의 가르침은 삼학과는 또 다른 각도로 우주적 은혜에 싸여 존재가 보존되는 자신을 알게 해주는 경로가 된다.

사은의 가르침은 나에게 우주의 전 생명과 나와의 연결성, 그리고 상호협력으로 공존 공생하는 우주 존재의 진면목을 깨닫게 하며, 모든 작은 존재에 대한 소중한 마음과 깊은 경외심이 일어나게 한다. 이러한 진정성에 바탕한 감사와 함께 소중한 생명의 시스템이 영원히 지속되도록 합력하려는 마음이 곧 진정한 도덕성이며, 함께 살아가는 세상을 위한 각자의 책임이라고 할 수 있을 것이다. 소태산은 만유에 대한 천지자연 우주의 은혜를 '천지의 도가 행해짐으로써 나타나는 덕'이라 하였다. "우주의 대기가 자동적으로 운행하는 것은 천지의 도요, 그 도가 행함에 따라 나타나는 결과는 천지의 덕이라."〈『원불교 정전』 천지은 참조〉

천지의 도는 눈에 보이지 않으나 생생약동하는 우주적 심체[心體, 근본 바탕]로부터 발현되는 도이며, 이러한 도가 끊임없이 운행되므로 만유가 그로부터 파생되는 덕을 입고 공존하게 된다는 것이다. 다음 장에서는 소태산이 밝힌 사은[천지.부모.동포.법률]으로부터 행해지는 도와 그로부터 입게 되는 은혜를 정리해 보고자 한다.

17

천지자연의 도에 대한 통찰

　소태산은 천지자연의 도를 **지극히 밝은 도, 지극히 정성한 도, 지극히 공정한 도, 순리 자연한 도, 광대 무량한 도, 영원불멸한 도, 길흉이 없는 도, 응용에 무념한 도**의 여덟 가지로 구분하였다. 그리고 이 여덟 가지의 도道가 행해짐으로써 나오는 덕德을 통하여 모든 존재가 의지하는 생명의 품이 이루어진다고 하였다. 또한 이 무량한 은혜에 보답하는 방법을 "천지로부터 베풀어지는 여덟 가지 천지자연의 도를 수행의 표본으로 삼아 실천하기에 힘쓰는 것"〈『원불교 정전』 천지 피은과 보은 참조〉이라고 밝혀놓았다. 천지자연의 도를 실천하는 것이 천지은에 대한 보답이 된다는 것은 얼핏 듣기에 이해가 쉽지 않을 수도 있다. 만일 사람이 천지자연으로부터 베풀어지는 무한한 생명 보존의 도리를 깨닫고 이를 본받아 실행에 옮긴다면 어떤 결과가 나올까? 당연한 결과로 천지자연의 도가 더욱 보존될 뿐 아니라, 그로부터 유익을 입게 되는 존재가 훨씬 늘어나게 될 것이다. 그렇게 된다면 이는 아마도 그 어떠한 보답보다도 유익한 보은의 도리가 될 것이다. 소태산은 천지자연의 도를 바로 알고 깨달아 행하는 길을 밝히고, 이러한 수행이 곧 수행자로서 부처의 자비로운 심법과 실행을 닮아가는 것과 통한다고 하였다. 이것이 바로 천지자연을 보호하면서 인류와 모든 생명체가 함께 사는 은혜로운 세상을 이루어 가는 길이 될 것이기 때문이리라.

소태산에 따르면 천지에는 여덟 가지의 기본 도리가 지속해서 지켜 행해지므로 무량한 호생의 도가 실현된다고 하였다. 그 결과 모든 존재가 천지의 덕으로 호흡하고 땅을 바탕삼아 존재하며, 해와 달이 있어 천지 만물을 분간하게 되며, 비와 눈, 바람 등을 통해 식물이 자라나고 수확하여 생명을 유지하게 된다. 이러한 천지 도의 운행으로 시작도 알 수 없고 끝도 알 수 없는 세월을 통해 존재가 생명을 유지하는 영원한 바탕이 되므로 우주의 모든 존재 또한 지속적인 생명을 얻게 된다.

소태산이 밝힌 '천지 보은의 방법과 그 결과'를 소개하면 다음과 같다.

1) 천지자연의 모든 분야가 착오 없이 진행되는 것을 연구하여 사리에 통달함을 얻을 것….

천지자연에는 모든 일의 결과가 인과의 원리에 따라 한 치의 의혹이나 착오 없이 이루어진다. 천지자연의 운행은 사리를 알아가는 진실한 표본이 되고 만사를 정확하게 이루어 가는 본보기가 되는 것이다. 이를 보고 인간사에 적용하여 실행하면 인간사회에서 진행되는 일들 또한 착오 없이 정확하고 원만하게 이루어 낼 수 있다.

2) 천지 운행의 정성스러움을 본받아 쉬지 않는 정성으로 모든 일을 이루도록 할 것….

천지는 인과의 이치에 의해 만물을 착오 없이 거느리되 결코 서두름이 없으며 멈춤이 없는 정성으로 일관한다. 그 상 없는 정성스러움을 통해 천지는 이루어 내지 못하는 것이 없다. 주야의 변환, 사시의 순환과 이에 따른 수확의 결실 등 일체의 인간사를 성취하는 길도 역시 천지자연과 같이 서두름이 없고 멈춤이 없는 정성에 맡겨 쉬지 않고 끊임없이 행한다면 이루지 못할 일이 없을 것이다.

3) 천지의 공정한 도를 본받아서 모든 일에 대하여 원근친소, 희로애락에 끌림이 없이 중도를 행할 것….

천지자연의 운행은 지극히 조용한 걸음으로 한없는 세월을 거치며 나아가는 한편, 일체의 차별이나 예외 없이 인과의 원리에 따라 공정하게 행해진다. 그 앞에 누구는 친하고 누구는 예외가 될 수 없으며, 단 한 건도 사사로운 감정으로 대하지 않으며 한쪽으로 치우치지 않으니, 공정하고 차별 없는 행위의 모범이 된다. 이를 본받아서 인간사회에서 개인이 처리하는 다양한 일들을 개인적 인연 관계나 감정의 기복에 끌리지 않는 공정한 정신으로 중도로써 취사하면 천지와 같은 신용을 얻어 은혜로운 삶을 이루게 될 것이다.

4) 천지의 순리 자연한 도를 본받아서 합리와 불합리를 분석하여 합리를 행하고, 불합리는 버릴 것….

천지자연에는 억지가 없다. 어느 시점에 갑작스러운 사태가 일어난다고 할지라도 이 역시 보이지 않는 꾸준한 흐름이 쌓인 결과일 뿐이다. 이러한 자연의 흐름을 억지로 막으려 하면 반드시 크나큰 재앙을 맞게 된다. 그러므로 오직 순리를 따라 나아갈 뿐인 천지의 도는 겉으로 일체의 꾸밈이 없지만 한 치도 허물어뜨릴 수 없는 내실을 쌓아나가는 길이 된다. 이러한 자연의 이치를 본받는다면 불합리한 일은 크기 전에 서둘러 결단을 내려 멈추어야 한다. 반대로 바르고 이치에 맞는 일이라면 당장은 어려움이 있더라도 합리적인 길을 따라 꿋꿋하게 실행하다 보면 자연히 결실을 얻게 된다. 바른 일은 아무리 힘들어도 힘써 실행하면 그에 따른 결과를 얻는 날이 올 것이며, 그른 일이나 역행하는 일은 아무리 크고 화려해 보이더라도 반드시 보이지 않는 가운데 불행이 자라나서 고통을 맞게 되니 항상 순리적으로 일을 해야 한다는 것이다.

5) 천지의 광대 무량한 도를 본받아 편착심을 없이 할 것….

천지자연의 운행에는 차별이나 한계 지음이 없다. 하늘의 공기와 물은 모두에게 생명을 이어주고 생기를 준다. 천지가 이처럼 우주를 그대로 한 집안으로 삼고 만물을 고르게 생육하므로 만물이 천지를 부모처럼 믿고 의지하며 모든 가능성을 다 바쳐 성장하고 대대로 세대를 이어가는 터전을 삼는다. 천지는 경계를 짓지 않으나 사람들은 무수한 분별로 경계를 나누고 서로 경쟁과 다툼을 쉬지 않는다. 천지의 광대 무량한 도가 분별함이 없이 고르게 생명의 품이 되어 주는 이치를 배워 모두를 한 가족으로 크게 품는 평등한 나눔의 세상을 만들어 가야 한다.

6) 천지의 영원불멸한 도를 본받아 만물의 변태와 인생의 생로병사에 해탈을 얻을 것….

천지의 운행은 영원하다. 천지자연은 영원의 표준이 된다. 자연은 본래 있는 그것을 자연이라 하며 본래 있는 그대로 이어질 것이다. 그 천지자연의 품 안에서 만물은 변화를 거듭하며 나타났다 사라짐을 반복한다. 천지는 영원한 생명의 품이 되어 주는 것이다. 이러한 천지의 도를 빌려 본다면 인생의 나고 죽는 과정을 피할 수 없는 것도 천지자연 중의 만물이 나타남과 사라짐의 순환을 반복하게 되는 것과 다르지 않은 한 과정으로 이해되며 고통과 번뇌에서 벗어나는 기연을 얻게 될 것이다. 죽음은 영원토록 사라지지 않는 자연을 바탕삼아 다시 돌아옴을 위한 또 다른 준비가 되는 것이다. 거대하고 영원한 생명의 품 안에서 잠시 쉬었다가 다시 꽃피듯 태어난다는 것이다. 이처럼 자연의 순리를 따라 성장과 노쇠와 이별을 겪는 과정을 이해하면 죽음으로 인한 단절감과 절망감을 극복하고 새로운 차원으로 생사를 바라보고 준비할 수 있게 될 것이다.

7) 천지의 길흉이 없는 도를 본받아 길흉에 끌리지 말 것….

천지의 운행을 살펴보면, 길한 경우라고 뛰며 흥분하는 경우가 없고, 불행하다고 주춤거리며 물러나는 경우도 없다. 천지자연의 이러한 이치를 보아서 길흉의 전조에 끌리지 않는 담담한 정신을 길러야 한다는 것이다. 천지가 행하는 바는 길하다거나 흉하다는 한 생각조차 없이 주어진 과정을 담담하게 지속해 갈 뿐이다. 길흉에 따른 감정의 기복에 끌려가지 말고 어떠한 상황에서도 평탄하고 한결같은 정신으로 삶을 대하며, 여유로운 정신을 회복하고 길흉을 대비하는 안목 있는 삶을 개척해야 할 것이다.

8) 천지의 응용 무념한 도를 본받아 동정動靜 간 무념의 정신을 기르며, 정신 육신 물질 간에 남에게 은혜를 베푼 후 그에 대한 관념이나 상을 놓을 것이다. 또한 혹시 나에게 은혜 입은 이가 배은망덕을 행하더라도 이로 인하여 더욱 미워하거나 원수를 맺지 말 것….

천지자연은 인간이 자연을 통해 누리는 어떠한 상황에서도 '자신의 공덕을 알아주기를' 바라는 경우가 없다. 하늘은 아무 대가 없이 맑고 푸르며, 땅은 무엇이든 심으면 품고 감응하여 싹을 틔우고 열매를 거두게 해준다. 허공은 누가 알아주거나 몰라주거나 상관없이 보이지 않는 가운데 쉬지 않고 이동하며 사계절의 변화를 선사한다. 이러한 자연의 절대 은혜를 생각하여 인간사회에서 주고받으며 발생하는 부분적 손실에 노여워하거나 원수를 만들지 말자는 것이다. 천지자연의 무한한 베풂을 보며, 나 역시 누구에게인가 나누어주되, 보답을 바라지 않는 삶의 표본을 삼자는 것이다. 결론을 짓자면 천지 보은으로 받게 되는 결과는 고난이 올 것을 미리 알아 조절하고 고통이 될 일을 짓지 않게 되므로 모두로부터 존경을 받고 화합 속에 길이 평화와 번영을 누리는 것이라 하였다.

천지 보은을 실행하지 않을 때 예상되는 결과는

이미 밝힌 바와 같이 소태산이 권장하는 천지자연으로부터 주어지는 은혜에 대한 보은행이란 예컨대, 천지에 대한 답례로 제사를 지낸다거나 무엇을 대가 삼는 것이 아니다. 천지자연의 이치를 아는 것이 사실적으로 은혜를 갚는 중요 단계에 속하며, 그러한 천지의 도를 자신의 인생과 생활 속에 적용하여 삶을 원만하고 행복하게 가꾸어 갈 때, 이것이 천지의 도가 영속적으로 행해지게 함이 되며 동시에 그 은혜를 갚는 것이라 하였다. 반대로 이를 모르거나 알더라도 보은의 도를 실행하지 않을 경우, 이는 천지 배은에 해당하며 천지 배은의 결과는 다음과 같다.

1) **천지자연이 얼마나 밝고 정연하게 운행되는지, 천지의 이치를 연구하거나 본받지 못함으로,** 천지의 운행하는 이치를 제대로 이해하는 바가 없을 것이고, 따라서 인간사를 해결할 때 사리 간에 무지하여 밝게 처리할 수가 없을 것이다.

2) **천지자연의 정성스러운 도를 발견하거나 연구한 바가 없으므로,** 천지자연이 얼마나 정성으로 운행되는지 모를 터이니 이를 본받아 매사에 정성을 실행하기 어려울 것이며, 따라서 정성을 통하여 무엇인가를 원만하게 성취하는 데 어려움이 따를 것이다.

3) **천지자연의 운행이 차별이 없이 이루어지며 평등하게 주어지는 바를 연구하거나 본받지 못하였으므로** 많은 차별과 과불급을 행하게 될 것이니, 그에 따른 결과로 차별과 과불급으로 서로 고통을 주는 경우가 많게 될 것이다.

4) **천지자연의 순리적이고 합리적인 이치를 모르고 본받지 못하였으니,** 자연히 순리를 어기고 강제와 불합리로 일을 하려 하며 그에 따른 부작용과 고난이 따를 것이다.

18

부모의 은혜에 대한 통찰

　사람으로 세상에 태어나는 것은 특별한 기회임에도 불구하고 적지 않은 사람들이 부모가 자녀에게 기울이는 사랑과 헌신을 자연적이고 본능적인 종족 번식과 무리 지킴의 일환으로 폄훼하는 경우를 보게 된다. 심지어 자신에게 주어진 혜택이 타인에 비해 부족함을 이유로 부모를 원망하고 스스로 불행감에서 헤어 나오지 못하는 경우 역시 드물지 않다. 소태산은 부모의 은혜를 설명함에 있어 부모가 자녀에게 기울이는 헌신과 사랑의 본질은 단순히 '가족으로서의 본능적 책임'을 뛰어넘는 데 있다고 보았다. 그에 의하면 부모로부터 입게 되는 은혜의 핵심은 생명에 대한 책임의식이다. '무자력한 존재를 보호하고 양육하며, 인류 공동체에 속할 수 있도록 사람으로서의 기본을 가르쳐 인도함'이다.

  이에 따라 부모은을 인식하는 기초는 부모가 아니면 이 몸을 세상에 나타낼 수 없을 것이며, 무자력한 상태의 나에게 절대적인 사랑과 보호를 주며, 힘 미치는 대로 기르고 가르쳐서 인류사회에 적응할 수 있도록 인도해 주심에 있다. 소태산은 부모가 평생 모은 재산을 당연하게 자녀에게 모두 줄 것이 아니며, 자녀의 양육과 학교 교육, 그리고 기본적인 직업교육에 한해 도움을 주고, 나머지는 공익을 위한 사회적 자본으로 쓰이도록 할 것을 권장하였다. 자녀로서는 부모를 통하여 사람으로 태어나 양육의 은혜를 입고, 인간사회에 적응할 수 있는 교육을 받는 등 자신의 무자력한 시기에 생존과 교육의 혜택 등 없어서는 살 수 없는 은혜를 입은 것을 생각하여, 부모에게 감사와 기쁨을 드리며, 특히 부모가 자력이 없어지면 자신의 무자력한 때의 도움을 생각하여 도움을 드려야 한다고 하였다. 〈『원불교 교전』 인도품 43장 외 부모은, 자력양성 참조〉

소태산은 여기에 더하여 자녀 인연이 없는 부부의 경우, 굳이 양자 등으로 자녀의 인연을 만들어 대를 잇는 것보다는 주위에 자력이 없는 타인의 자손이나 부모가 없는 힘없는 아이들을 자기 자녀처럼 생각하여 가능한 한 도움의 손길이 미치도록 하여야 한다고 하였다. 이렇게 하여 최대한 많은 어린이가 후세대로서 보호받고 교육을 비롯한 혜택을 받을 수 있도록 하는 것이 내가 부모로부터 받은 은혜를 갚는 바른길이라고 하였다. 또한 자녀들은 자기 부모가 아니더라도 자력이 없는 노인들을 나의 부모처럼 살피고 도움을 드리는 것이 내가 무자력할 때 받은 은혜를 갚는 동시에 부모의 은혜를 갚는 길이 된다고 하였다.

　소태산은 밝히기를,

　"우리가 부모 보은을 한다면, 나는 내 부모에게 보은을 하였건마는 세상은 자연히 나를 위하고 귀히 알 것이며, 사람의 자손은 선악 간에 그 부모의 행하는 것을 본받아 행하는 것이 피할 수 없는 이치인지라, 나의 자손도 마땅히 나의 보은하는 도를 본받아 나에게 효성 할 것은 물론이요, 또는 무자력한 사람들을 보호한 결과 세세생생 거래 간에 혹 나의 무자력한 때가 있다 할지

라도 항상 중인의 도움을 받을 것이니라."〈『원불교 정전』 부모은 중 부모 보은의 결과 참조〉

반면에 만일 부모의 은혜를 모르거나 보은의 실행이 없을 경우, **"나는 내 부모에게 배은을 하였건마는 세상은 자연히 나를 미워하고 배척할 것이요, 당장 제가 낳은 제 자손도 그것을 본받아 직접 앙화를 끼칠 것은 물론이며, 또는 세세생생 거래 간에 혹 나의 무자력한 때가 있다 할지라도 항상 중인[衆人, 뭇사람들]의 버림을 받을 것이니라."**〈『원불교 정전』 부모은 중 부모 배은의 결과 참조〉라고 하였다.

19

동포의 은혜에 대한 통찰

　소태산이 지정하는 동포의 영역은 매우 광범위하다. 생존을 위해 서로 상생 공영하는 것을 기본으로 살아가는 사회의 모든 구성원과 금수, 초목이 모두 동포의 영역에 속한다. 소태산이 밝히는 동포 간 상호공존의 윤리는 전 우주를 통틀어 절대적으로 요청되는 사항이다. '동포'란 모든 동물과 식물까지를 두루 수렴하는 용어이기 때문이다. 한 존재도 '없어서는 살 수 없는' 절대적이고 소중한 동포라는 것이다. 그런즉 항상 동포 간의 은혜를 생각하여 사농공상의 전 직업군에 속하는 모든 동포 간의 거래는 철저하게 '자리이타'로 이루어지도록 함이 동포의 은혜를 갚는 길이 된다고 하였다. 그럼으로써 모든 동포 간의 상생하는 거래가 영원히 지속될 수 있게 될 것이라 하였으며, 초목금수도 이유 없이 꺾거나 살생하지 말 것을 권장하였다. 〈『원불교 정전』 동포은 참조〉

　인류 역사를 돌아보면, 우주 자연의 은혜를 발견하고 자각적으로 감사심을 품는 것은 많은 정신적 성장을 통해서야 가능한 일로 보인다. 인류는 상대를 이겨내야 한다는 생존본능에 의하여, 주고받는 거래가 아닌 죽거나 죽이는 삶의 경계 속에서 살아온 역사가 길고 깊기 때문이다. 이로부터 성장과 변화를 거듭하여 안정된 인간사회를 구성한 다음에도 역시 부족이나 씨족 간의 싸움으로 이어지고, 국가와 국가 간의 싸움이 생존을 결정한다고 생각하였던 기나긴 역사가 있다. 그리고 이것은 안타깝게도 현재까지도 진행되고 있는 인류 의식의 현장이다. 거기에 더하여 각 단체 내에서 구성원 사이의 성공이 달린 경쟁은 또한 얼마나 치열한가? 이러한 역사적 사실과 현장의 경쟁 상황은 인류의 의식 속에 자리 잡는 은혜의 발견이나 상대적 감사 의식의 깊이나 양이 매우 얕고 근소함을 입증해 준다.

　소태산이 의미하는 동포 사이의 은혜 발견은 그러므로 전혀 새로운 차원의, 좀처럼 실행하기 어려운 과제에 해당할 정도로 우리의 의식이 헤쳐 나갈 길은 간단한 것이 아니다. 과학 문명의 개화로 편리함과 재화에 대한 끌림이 날로 심해져 가는 우리는 물질의 유한성을 두고 얼마나 치열한 경쟁과 싸움을 계속 해야 하는지? 또는 그 소유의 격차를 좁히기 위한 몸부림과 아무리 노력해도 좁혀지지 않는 격차 속에서 상대에 대해 품게 되는 상대심과 원망심의 골은 얼마나 날로 깊어지고 있는지?

　소태산의 동포은에 대한 가르침은 날로 메말라가는 사회에 대한 치유의 처방으로서, 존재가 살아가기 위해 필요한 모든 것이 어디서 나오는 것인지 근본적인 은혜의 원천을 알게 하고, 서로의 조화로운 합력이 없이는 누구도 살 수 없는 절대 구조를 우리에게 열어 보이는 것이다. 이러한 은혜의 출처를 이해하게 됨으로써 우주 생명에 대한 근본적인 감사가 일어나게 되고 또한 인간 서로 간의 경쟁 구조에 앞서 보이지 않는 가운데 연결된 은혜의 구조를 생각하게 되면서 극적인 상대심이 녹고 실질적인 삶의 연대가 중요함을 알게 될 것이다. 바로 이러한 과정을 통하여 사실적인 도덕성의 실천이 가능하게 될 것이다. 생명의 절대 은혜를 깨닫고 생명 보전을 위해 주어진 모든 은혜가 당연하게 주어지는 것이 아니며, 서로서로 주고받는 은혜의 고리로 연결되어 있음을 깨닫도록 해야 한다는 것이다.

인류가 만일 이와 같은 동포 보은의 정신을 실행한다면 "자리이타에서 감화를 받은 모든 동포가 서로 사랑하고 즐거워하여, 나 자신도 옹호와 우대를 받을 것이요, 개인과 개인끼리 사랑할 것이요, 가정과 가정끼리 친목할 것이요, 사회와 사회끼리 상통할 것이요, 국가와 국가끼리 평화하여 결국 상상하지 못할 이상의 세계가 될 것이니라." 〈『원불교 정전』 동포은 중 동포 보은의 결과 참조〉

그러나 만일 "동포에게 배은한다면, 모든 동포가 서로 미워하고 싫어하며 서로 원수가 되어 개인과 개인끼리 싸움이요, 가정과 가정끼리 혐극이요, 사회와 사회끼리 반목이요, 국가와 국가끼리 평화를 보지 못하고 전쟁의 세계가 되고 말 것이니라."
〈『원불교 정전』 동포은 중 동포 배은의 결과 참조〉

생각건대 '사은'의 가르침은 존재와 존재 사이, 상인과 구매자 사이에 근본적 감사와 함께 자발적 보은행의 실천이 이어지게 만드는 가르침이라 생각된다. 이와 같은 자발적이고 실질적인 상호 보은이 될 때 각각의 가정이나 단체의 평화와 발전이 보장될 수 있을 것이다. 그리하여 투쟁과 상호 원망으로 치닫는 세계에 새로운 온기를 돌게 하고 신뢰로 결속되는 훈훈한 사회를 만들어 가는 데 없어서는 안 되는 처방이라 생각된다.

20

법률의 은혜에 관한 통찰

인간은 언어와 문자에 의해 존재 간의 행동 수칙과 단체들의 원만한 운영을 위한 합의와 규칙을 만들고, 나아가 국가와 단체를 다스리는 법률을 제정하고 운영해 나간다. 즉 인류사회에는 개인의 내적 외적 성장과 사회에 속하는 법률, 한 가정의 화합과 번영을 위한 법률, 국가적 통치를 위한 법률, 국가와 국가 사이에 지켜져야 하는 법률 등이 있다. 국가에는 사농공상의 각 직업체계를 만드는 법과 이의 원만한 분포와 국민에 대한 서비스를 관리하여 경제생활이 지속되게 하는 법, 그리고 개개인이 배움을 이어갈 수 있도록 학업에 관한 법이 있다.

또한, 이에 더하여 소속된 구성원으로서 모범을 보이거나 법을 어기고 타인에게 피해를 줄 경우 이에 대하여 상벌을 시행함으로써 법률에 대한 신뢰와 권위를 축으로 안정되고 편안한 삶을 보장한다. 이처럼 인간사회에서 규칙의 존재 이유는 불필요한 부딪침을 지양하고 최대한 상호 간 안정과 발전과 공존을 위한 기초 장치의 필요에 있다. 또한 일반적으로 생각하는 외부적 공권력에 의한 국가적 법률 외에 결코 간과되어서는 안 되는 법률의 세계가 있다. 그것은 다름이 아니라 공권력에 의한 외압이 가해지기 이전에 스스로 양심과 합리적 판단하에 중도적 삶을 실행하도록 하는 내적 자율상의 법률이다. 이 내적 자율에 따르는 것은 성자의 인도를 따르는 종교적 가르침이라든가 철인들의 사유를 닮아가는 성찰의 문화를 통하여 합리적이고 상생 혹은 이타적인 행위를 학습하는 것을 통해 보편화되는 것이라 할 수 있다.

만약에 이러한 양면적 수호 장치가 없다면 비록 인류사회라 하더라도 아수라장을 면할 수 없을 것이다. 그러므로 법률과 법을 수호하는 기관에 의해 주어지는 크고 작은 혜택에 관하여 그 소중함과 함께 그로부터 받게 되는 은혜에 진정으로 감사하고 이를 더불어 지켜감으로써 그 은혜가 지속되게 하자는 것이다.

법률로 인한 은혜로움을 당연히 주어지는 것으로 생각할 것이 아니라, 법이 준비되어 있으므로 누릴 수 있는 다양한 안전보장과 지속적인 성장의 은혜를 반드시 자각하며 이에 대한 감사생활을 하자는 것이다.

법률에 대한 은혜의 자각은 개인, 가정, 사회, 국가, 세계를 위한 법률이 성숙하면 할수록 인간사회의 성장에 장애가 적어지는 것을 생각하여 유익한 법을 만들고 함께 준수해 가는 삶을 사는 것이며, 이는 곧 보은이 된다. 교통법규를 예로 든다면, 그 법규를 존중하여 모두가 지킴으로써 모두에게 안전하고 활기찬 사회를 함께 만들어 가는 것이 교통법에 대한 지은知恩이자 보은報恩이 된다는 것이다. 개인의 인격을 완성해 가는 데 도움을 주는, 수신修身을 위한 성자들의 가르침은 평화와 공존을 위한 절대적인 요소로서 역시 법률은의 범주에 속한다. 성인들의 가르침을 익히고 실천하는 개인이 많아질수록 그 사회는 더욱 자율적인 법률준수가 이루어지는 가운데 평화롭고 안정된 사회를 이루게 될 것이다.

법률은에 대한 보은의 조항은 "개인적으로는 개인의 인격을 닦는 법률을 배워 실행할 것이며, 가정을 위해서는 가정 다스리는 법률을 배워 행할 것이며, 사회를 위해서는 사회 다스리는 법률을 배워 행할 것이며, 국가에 있어서는 국가 다스리는 법률을 배워 행할 것이며, 세계를 위해서는 세계 다스리는 법률을 배워 행할 것"〈『원불교 정전』 법률은 중 법률 보은 참조〉이라 하였다.

그 보은의 기본 강령은 '법률에서 금지하는 조건으로 은혜를 입었으면 그 도를 따르고, 권장하는 조건으로 은혜로운 효과가 있다면 그 도를 따를 것'이라 하였다. 권장과 금지를 통틀어 은혜로운 효과가 있는 법률을 따르도록 한 것이다. 이와 함께 공동체를 위해 도움이 되는 동시에 효과적인 법률을 생산하는 것 또한 중요한 보은의 실행이 될 것이다.

"우리가 법률 보은을 한다면, 우리 자신도 법률의 보호를 받아, 갈수록 구속은 없어지고 자유를 얻게 될 것이요, 각자의 인격도 향상되며 세상도 질서가 정연하고 사, 농, 공, 상이 더욱 발달하여 다시없는 안락세계가 될 것이며, 또는 입법, 치법의 은혜도 갚음이 될 것이니라."〈『원불교 정전』법률은 중 법률 보은의 결과 참조〉

만일 법률에 대한 보은의 실행이 없게 되면
"우리 자신도 법률이 용서하지 아니하여, 부자유와 구속을 받게 될 것이요, 각자의 인격도 타락되며 세상도 질서가 문란하여 소란한 수라장이 될 것이니라."〈『원불교 정전』법률은 중 법률 배은의 결과 참조〉

사은은 위에 밝힌 네 가지 범주로 이루어진 우주의 상생 구조, 즉 '우주의 전 생령이 서로 살리며 공존하는 은혜의 구조'의 다른 말이다.

소태산은 사은의 원리를 통하여 우주의 모든 존재가 영원히 상생상화하며 생명이 충만한 세계를 이루어 가고 있음을 밝힌 것이다. 이 사은의 원리를 알게 됨으로써 인류는 물질적 편집증에 빠져 상실되고 손상되었던 인륜적 정의를 바로잡고, 오랫동안 자행된 힘없는 존재에 대한 차별의식을 되돌아보는 기회를 얻게 될 것이다. 이 되돌아보는 시간을 통해 인류는 인간중심의 사고에 젖은 과거를 반성하고 생명의 포태를 이루는 천지자연에 대한 소중함과 경외심을 회복하게 될 수 있지 않을까? 그리고 존재와 존재, 사람과 사람 사이의 수평적인 상호 나눔을 통해 전 존재가 하나의 포태에서 서로 살리며 사는 구조 속에 있음을 깨닫고 모든 생명체에 대한 신뢰와 애정과 책임을 회복하게 될 것이다. 이로써 사람들이 우주의 전 존재에 대해 경외심을 잃지 않고, 은혜를 자각하는 '피은자'로서 자신이 받은 은혜에 대한 자발적인 보은과 나눔의 의지가 일어나게 된다면, 사람과 사람 사이의 윤기가 더욱 돈독해지고 훈훈한 나눔이 지속되는 은혜로운 세계로 변화되어 갈 수 있을 것이다. 사은의 요지는 무아無我 혹은 연기 법문과도 통한다. 어느 존재이든 존재하기 위해서는 무수한 타 존재들의 연계와 합력이 아니고는 불가능하다.

사은의 피은자로서 자아를 인지할 때 우리는 비로소 사람이 사람으로 살아가면서 절대적으로 공명할 수 있는 도덕률의 기초를 확립할 수 있다. 도덕률의 기초는 나라는 존재가 사은으로부터 무한한 은혜를 입어 현재에 이르렀으며, 바로 이 순간 그리고 어떠한 순간에도 사은의 도움이 없이는 한 발짝, 손가락 하나도 움직일 수 없으며, 이 크고 절대적인 은혜의 구조로 인하여 우주의 모든 존재가 생명을 지속하여 생명 활동을 나누게 된다는 것을 깨닫는 것이다.

따라서 우리는 피은자로서 사은에 대한 절대적인 감사와 함께 이러한 총체적인 상호협력의 시스템이 훼손되지 않도록 우주 동체적 의식과 의지로 상호 합력할 의무가 있음을 자연적으로 받아들이게 될 것이다. 태어나면서부터 입게 된 천지자연 생명의 품이 베풀어 주는 은혜, 핏덩이에 불과했던 자신을 감싸고 보호하여 살게 하며, 인간으로서 사회에 적응이 가능하도록 교육의 기회를 주고 인간의 도리를 전해준 부모의 은혜, 바른 가르침과 국가의 법을 지킴으로써 내 몸이 지켜지고 바른 질서가 세워지는 안정된 공동체를 이루며, 정신적 성장을 성취하는데 도움이 되는 법률의 은혜 등이 인간으로서 나의 실체를 이해하는 중대한 포인

트가 되어야 한다는 것이다.

사은의 가르침을 통해 우리는 각자 내부의 자각을 일깨우며, 세상에 대한 새로운 눈을 뜨는 것이다. 은혜롭게 사는 비결은 서로에게서 은혜로움을 발견하여, 은혜로 연결된 우주 생명의 구조를 인식함으로써 기본적인 감사와 소중함을 잊지 않고 나누며 사는 것이다. 그 구조가 소중하며 그 사람이 소중하므로, 그 구조가 영원히 고장 없이 돌아가게 하고, 그 사람을 잃지 않고 서로가 모시는 마음으로 살자는 것이다. 소태산은 "일원상의 내역을 말하자면 곧 사은이요, 사은의 내역을 말하자면 곧 우주 만유로서 천지 만물 허공 법계가 다 부처 아님이 없나니…"〈『원불교 대종경』 교의품 4장 참조〉라고 하였다. 우주 진리의 구체적인 내역을 사은[모든 존재가 무한히 서로를 살려가는 생명 구조]을 통해 알 수 있다고 한 것이다.

사은의 원리를 통해 우리는 우주의 진리가 고정된 법칙으로서 존재를 심판하는 것이 아니라 철저한 생명성에 바탕하여 생명을 책임지는 것임을 알게 된다. 이를 알면 우주 진리에 대한 자발적인 겸허한 마음, 사은의 각 존재에 대한 감사와 더불어 자발적인 보은의 마음이 일어나게 된다. 천지자연을 대하는 순간이나, 부모나 사회적 약자를 대하거나 세계의 동포와 모든 법규를 대함에 있어 항상 경외심과 감사심으로 산부처님을 대하는 심경이 되자는 것이다.

  삼학적 존재로서의 인류는 바람직한 영장으로서의 정신적 역량을 갖추어 갈 수 있는 길을 제시한 것이라 할 것이다. 그 위에 소태산이 추가하는 또 한 관점은, 인간은 삼학적 존재에 더하여 사은적 존재라는 것이다. 사람은 우주적인 차원으로 은혜를 입은 존재[피은자]로서 우주 만유로부터의 도움이 없이는 한순간도 존재할 수 없는, 은혜로 빚어진 존재라는 것이 소태산이 드러내고자 하는 '참 나'의 또 다른 진실이다.

21
일체유심조 그리고 나
고락의 갈림길에서

마음이 여하한 경계를 당하더라도 공·원·정[삼학의 세 가지 기능]이 원만하게 작동되고 발휘될 수 있다면 얼마나 좋을까? 부처의 인격은 범부와 비교할 수 없는 높은 존재인 것은 사실이나, 소태산은 정신의 세 가지 작용[공·원·정]을 장애 없이 발휘하는 이가 곧 부처라 하였다. 말하자면 동일한 잠재성을 가졌지만, 갖가지의 장애로 인하여 '멈추고, 연구하고, 실행하는' 정신작용이 제대로 발휘되지 못하는 것이 범부의 삶이 되는 셈이다.

사람들은 하나같이 각자의 마음 밭을 안고 살아간다. 이 사실을 인식하는 사람은 자신의 마음속에 의미 있는 생각과 감정에 유의하여 미리미리 잡초를 뽑아내듯 수시로 마음 밭을 관리하게 된다. 이를 소태산은 '마음 밭 농사'라고 하였다. 사람의 마음 밭에서는 다양한 종류의 마음 풀들이 알게 모르게 자라난다. 다 같은 식물이지만 어떤 식물은 건강을 증진하는 약이 되는가 하면 어느 것은 독성을 갖거나 홀로 왕성하게 자라나서 다른 종류가 자라나는 것을 방해하기도 한다. 어떤 종류는 권장하고 추천하는 것이라면 어떤 종류는 보이는 즉시 바로바로 뽑아내야 하는 것들이 있다. 농사를 짓는 사람이 자신의 밭을 자주 돌아보며 무엇이 자라는지 혹은 병들고 있는지 자주 살피고 돌보아야 하는 것처럼 마음 밭을 가진 우리는 나의 마음 밭에 자라나는 마음의 내용들이 무엇인지 자주 살피고 돌보아야 한다.

일상의 수행은 이처럼 수시로 마음 밭을 돌아보고 가꾸는 것을 의미한다. 묵정밭을 가꾸노라면 끝없이 나오는 어떤 종류의 잡초가 있다. 그것을 작정코 없애면 평화가 오리라고 생각하지만, 그것은 오해인 경우가 많다. 두 번째 종류의 잡초와 싸워 거의 없어지게 되었다고 생각했는데, 웬걸 또 다른 종류가 밭을 채우게 된다. 상대적으로 경쟁에서 벗어난 잡초가 다시 밭을 덮어가는 것이다. 이처럼 끝없는 싸움 속에 내면의 밭을 가꾸어 가는 것이 마음 농사이다.

  현재 처한 자신의 삶이 힘들더라도 그럴수록 좋은 씨앗을 철저하게 가려서 심고 가꾸면 언젠가 마음의 정원이 아름다운 꽃과 열매로 가득하게 될 것이다. 그러노라면 마침내 인생의 변화를 스스로 확인하게 될 것이다. 마음 밭의 관리를 어떻게 하느냐가 한 사람의 인생을 결정하게 된다.

22

❀

고와 낙
인생의 괴로움과 즐거움에 관한 통찰

　세상에 괴로움을 안고 살고 싶은 사람은 아마 없을 것이다. 당연히 누구라도 즐거운 인생으로 살기를 갈망할 것이다. 그럼에도 불구하고 실로 많은 사람이 괴로움을 운명처럼 상시로 견디며, 인생의 즐거움은 가뭄의 콩처럼 혹은 잠시 머물다 사라지는 바람처럼 우리를 목마르게 만든다. 왜 그럴까? 모두가 그처럼 바라고 노력하는 즐거움은 무엇 때문에 우리를 찾아주지 않는 것일까? 소태산은 사람이 추구하는 인생의 행복, 그리고 절대적으로 원치 않는 괴로움에 대한 통찰로 우리를 인도한다.

그 첫째로 알아야 할 것은, 고와 낙은 무엇을 의미하는가이다. 고는 고통스러움을 의미하며 그러므로 피하고 싶은 것들이다. 괴로움은 육감에 거슬리는 것으로서 눈으로 보거나, 귀로 듣기에, 코로 냄새 맡기에 거슬리고, 입맛에 반하며, 감각으로 받아들여지지 않는것, 그리고 육체적으로 견뎌내기 힘든 압박이나 노동 등도 고통의 요소가 될 것이다. 반면에 즐거움이라면, 상기와 반대되는 향기와 감미로운 소리와 입맛 등으로 즐거움을 선사하는 경우가 될 것이다.

그런데 소태산은 인생의 고통과 기쁨 중에는 변화될 고와 낙, 혹은 변치 않는 고와 낙이 있음을 생각해야 한다고 하였다. 변하는 고와 낙이란, 현재 견디는 괴로운 조건이 장차 기쁜 결실로 변할 것인지, 또는 현재는 기쁨 속에 있지만 이 즐거움이 장차 괴로움으로 변할 소지가 있는 것은 아닌가를 생각하라고 한 것이다. 현재의 감각에만 갇혀서 이에 따라 초래될 앞날의 결과를 살피는 일을 잊어서는 안 된다. 즉, 고생 끝에 보장되는 기쁜 결과, 잠시의 즐거움 끝에 길게 찾아오는 괴로움 등을 반드시 미리 판단하고 결정해야 한다. 공부하는 학생이 현재는 부족한 잠과 고단하고 쉴 새 없는 연습 등으로 놀이를 즐길 시간도 없이 고달픈 나날을 보내는 것을 볼 수 있다. 그렇지만 원하는 시험 결과를 얻게 되면, 인생의 중요한 단계들이 수월하게 풀려서 행복한 인생을 살 수 있다는 믿음으로 어려운 유혹들을 극복하고 불철주야 노력을 계속하는 경우일 것이다.

또는 시험을 앞두고 있으면서도 친구들과 놀면서 보낸 삶의 습관을 갑자기 멈추지 못하고 이것저것 불필요한 놀이에 시간과 노력을 쏟아붓는 경우가 있다. 현재는 고생을 피하고 즐겁게 시간을 보내지만, 장차 시험의 결과며, 잘못 사귄 친구들과의 인연 등으로 인생이 오래도록 밝지 못하게 될 것은 자명하다. 즉 각자가 자기 인생의 고통과 기쁨의 방향을 책임지는 주인의 자세로, 현재 고되거나 즐거움이 가져올 결과를 예측하여야 할 것이다. 그리하여 장차 고통을 가져올 일을 멈추고, 길고 떳떳한 즐거움을 위해 시간과 노력을 투자하는 것이 인생을 사실적으로 행복하게 사는 길이다.

고락의 문제
나에게 찾아오는 고락의 원인을 이해하는 길

나의 마음을 통해 표출된 행동들과 내 생각, 감정들이 모여서 '나'를 이룬다. 마음은 내 삶의 실질적인 내용이다. 마음을 알면 내 인생의 수수께끼가 풀린다. '그때 왜 그런 말을 했는지, 언제 누구에게 왜 그런 행동을 했는지'를 푸는 열쇠가 마음에 담겨 있다. 다른 말로 하면 마음은 나의 모든 생각과 행동[심지어 업력]의 비밀까지 들어있는 보이지 않는 보따리이다. 겉으로 보면 입과 몸으로 한 행동들이지만 알고 보면 모두가 마음이 나의 오관[몸]에게 시켜서 하게 된 것들이다.

소태산은 인간으로서 인생의 고락을 이해하려면 고락의 근원을 생각해 보아야 한다고 하였다. 우연히 만나게 되는 괴로움이나 즐거움의 그 배후에는 반드시 그럴만한 까닭이 있는데, 이에 관한 인과관계를 연구함이 없이 막연한 희망과 두려움으로 고락을 대하는 일이 없도록 하자는 것이다. 고락의 근원을 알지 못하면 행복의 길을 버리고 고통이 따르는 길을 선택하게 되어 긴 세월을 괴로움 속에 살게 되기 때문이다. 고락의 근원을 이해하기 위해서는 공정하게 감응하는 우주의 진리[인과보응의 이치]가 있다는 것을 아는 것이 필수로 요청된다. 과거에는 이 인과보응의 원리를 신의 개념과 결부시킴으로써 '각자의 행동과 생각을 지켜보는 누군가 절대적인 존재'가 있다는 상상 속에서 선한 행위를 하도록 사람들을 교육해 왔다.

일원상 진리의 개념은 그러한 배후의 작용을 인격화하지 않고 자연적으로 작용하는 우주의 기운을 있는 그대로 사실적으로 이해할 수 있도록 밝히는 것이다. 만약 이러한 설명을 합리적으로 이해하고 받아들일 수 있다면 우주를 통틀어 치밀하게 살아 작용하는 근본 이치를 누구나 깨달을 수 있을 것이다.

23

내 삶의 결정적 종자
나의 마음 씀

마음은 존재를 입증하는 키워드이다. 존재에게서 마음이 떠난다면 그때는 이미 죽은 존재로서 생명의 가치를 상실하게 된다. 이처럼 마음은 각 존재에게 있어서 유일성을 담보하는 증거가 되기도 하며, 존재와 비존재를 구분하는 경계가 되기도 한다. 모든 존재가 세상에서 단 하나뿐인 유일한 존재로서 가치를 갖는 것은 각자의 마음이 유일하기에 그러하다. 마음은 보이지 않지만, 존재의 내면세계인 동시에 존재의 실질적 내용이자 핵을 이루고 있다. 마음은 존재의 실질적인 생명적 주체이자 주관자이므로 존재가 처하는 다양한 상황에 따라 다양한 반응을 드러내는 것은 모두가 마음을 통해 이루어지는 것임을 알 수 있다.

땅에서 나오는 모든 식물이 장소가 변하여도 각각의 종자가 지닌 기본 형태와 성분은 변할 수 없는 것처럼, 인간에게 있어서는 개개인이 지니는 성격과 생각과 행동이 곧 그 사람을 형성하는 종자가 된다. 특히 한 사람의 마음에 담겨 있는 보이지 않는 '씨앗[마음씀]'들은 그 인생의 고와 낙을 결정하는 요인이 된다. 자기의 생각과 습관, 언어를 살피는 것이 내게 닥치는 고락의 원인을 이해하는 것과 직결되는 이유이다. 때로는 무거운 업력의 굴레에 들었더라도 특별한 결심을 하고 언어와 행동을 바꾸는 일을 통해서 인생을 다른 면으로 개척해 갈 수가 있다. 이것은 고락의 종자가 되는 나의 습관을 직관하고 이를 바꿈으로써 예상되던 결말이 바뀌는 경우이다. 고락의 원인을 타인에 전가하지 말고 자기의 생각과 행동을 직시하는 것이 중요하다.

소태산은 "마음속의 보이지 않는 종자가 장차 '현실의 나'를 형성하게 되는 까닭은, '내가 언젠가는 그 마음을 사용할 것이기 때문"이라 하였다.〈『원불교 대종경』 변의품 2장 참조〉 마음 사용은 내가 행하는 업이 되므로, 결국 마음은 현실로 나타나게 되는 것이다. 이처럼 하나의 종자 마음을 현실이 되게 하는 것이 '인과보응의 진리'이다. 우주의 모든 존재는 우주의 근본 이치인 인과보응의 감응 속에 살아간다.

모든 사람이 불성을 지녔다면, 그것은 비단 나에게만 해당함이 아니요, 당연하게 내가 대하는 모든 사람에게도 나와 동등하고 동일한 불성이 부여되어 있을 것이다. 자신의 바라는 것에만 집중하여 많은 사람에게 내가 원하는 것을 이루어지게 할 의무가 있는 것으로 착각하는 경우가 있다. 어째서 내가 원하는 대로 해주지 않는가, 무엇 때문에 나에게 불친절한가를 이해할 수 없다면 혹시 내가 상대자에 대하여 조심과 존중을 잊은 적은 없는가를 돌아보아야 한다. 모든 존재는 반드시 나의 행동에 따라 반응하는 감응적 존재임을 잊지 않아야 고락을 스스로 관리할 수 있는 지혜와 복락의 주인이 될 수 있다.

인생의 고락 역시 농사의 성공과 실패의 경우와 다르지 않다.

일반적으로 식물의 뿌리에 문제가 발생하면 그 식물의 줄기나 꽃, 열매에 문제가 따른다. 사람이 살아가면서 이유를 알 수 없는 어려움에 부딪히면, 자기의 내면에 작용하는 생각과 감정이 존재의 뿌리에 해당함을 알고 이를 살펴보아야 한다. 사람이 맞이하는 다양한 환경은 그 사람의 과거 생각과 행동이 원인이 되어 돌아오는 결실과 같다.

우리는 흔히 대다수의 일반적인 분야에 관해서는 인과보응의 원리를 적용하는 데 주저하지 않고 이를 수용하며, 문제가 생기면 철저하게 그 원인을 찾아 분석하고 조절하게 된다. 그런데 단 하나의 예외가 있다면, 인간적 삶의 측면에 관하여 인과를 무시하는 경우이다. 그 이유 중 하나는 인간적 감정에 대한 도를 넘는 수용에 있다. '나는 현재 화가 나니까, 나는 지금 정신이 없으니까, 혹은 너무 기분이 좋으니까'라든지, '나는 남과 다르다' 등 감정적 기복이나 잘못된 정체 의식을 따라 적정선에서 멈추지 못하여 야기되는 사태에 대해 인과의 적용을 기피하거나 무시하려는 경우이다. 일반적으로 나의 결정을 주도하는 것들은 무엇인가 이루고자 하는 목적과 이를 둘러싼 다양한 인과관계, 그리고 감정과 한계상황이 될 것이다. 이들은 나뿐 아니라 다른 모든 이들에게 있어서 역시 절대 환경을 이루는 것들이다.

고락으로 점철된 인생을 돌아보면 대부분의 어려웠던 경계들은 나의 마음 작용이 오욕의 끌림을 떨쳐내지 못함으로써 마주하게 된, 인과보응의 원리에 의한 감응의 결과였음을 스스로 읽어낼 수 있다. 그 현실을 만들어 낸 나의 마음이 내 행동의 주동자였기 때문이다. 나의 마음은 때로는 현재 행동의 결과가 안 좋을 것을 뻔히 아는 의식이 한쪽에 있음에도 불구하고 나를 스스로 밀어 부정적인 언행을 실행하게 만들기도 한다.

마음이 만사의 종자가 된다는 것을 설사 안다고 할지라도 우리는 매 순간 마음이 좋아하는 것과 싫어하는 것 사이에서 갈등을 벗어나기가 쉽지 않다. 또는 내가 경험하게 되는 고락의 유형도 매번 반복적인 형태로 나를 찾아오게 된다. 이것은 왜 그럴까? 그것은 사람이 자신의 감정[희로애락]을 자신과 동일시하는 관습을 벗어나기 어렵기 때문일 것이다. 많은 경우 우리는 상황에 따라 나를 주도하는 나의 감정이나 분별 의식을 '나'로 착각함으로써 이를 지키기 위해 안간힘을 쓴다. 그러나 내가 겪는 희로애락의 감정은 진정한 내가 아니다.

　소태산이 성품의 원리를 알리고 일원상의 상징을 가르치는 목적은 모든 사람이 각자의 정체성을 뿌리내리는 주소지를 바꾸도록 하려는 것이 그 핵심 취지라고 할 수 있다. 내가 타고난 본래 마음[성품]은 온갖 생각과 감정에 물들지 않은 텅 빈 자리이다. 이 자리를 알고 이 자리를 항상 본래의 나로 인식하는 의식의 변화가 있어야 한다. 우리는 자신의 재능, 학력, 인맥, 외모와 생각, 감정을 고정된 나라고 확신하고 살고 있다. 만일 남보다 현실적으로 떨어진 외모, 학력, 재력 등을 지녔다면 열등의식까지도 떨어지지 않는 정신적 식솔이 되어 나의 삶을 압박하는 '나'를 이루게 된다. 이러한 현실적인 모든 것을 벗어나 초연한 나의 진면목을 찾아서 이를 '나'라고 생각하고 그 자리에 마음의 뿌리를 내리는 훈련을 해야 한다.

　이렇게 본래 나의 자리에 머무는 데 힘이 생기면, 지금까지 나라고 생각해 왔던 조건들로 인하여 유발되는 갖가지 감정의 변화에 끌려, 그때의 감정이 이끄는 대로 행동하던 습관을 멈출 수 있게 된다. 내가 아닌, '나의 감정'이 다양한 형태로 오욕에 끌려가고 있는 그 상황을 스스로 읽을 수 있게 된다. 마음의 주거지를 성품이라는 본래 마음으로 옮김으로써 자신의 오욕이 곧 자신이라고 생각하는 종래의 의식으로부터 자유롭게 되며, 사람이 부여받은 기본 성품[자성自性]을 통해 자신의 정체를 이해할 수 있다. 나의 오욕과 자아의식이 불가분리인 상태를 벗어나게 되기 때문이다.

　소태산이 권하는 사람의 본성[성품, 자성]을 이해하기 위한 가장 효과적인 방법은 우주 자연의 근본 이치를 연구하는 것이다. 우주 자연의 근본 이치를 이해하면 인간의 바탕이 되는 원리를 깨닫게 되며, 자신에게 처한 상황을 바르게 이해하며 바른 해결책을 찾을 수 있게 되기 때문이다. 예를 들면 계절이 바뀌는 원리, 밤낮이 순환되는 이치와 만물의 생사에 대한 이해가 기본적으로 필요하며, 이를 바탕으로 인간사에 대한 바른 시비이해의 판단 능력을 갖추도록 해야 한다고 하였다. 누구에게나 공정한 인과의 원리에 따라 생로병사의 과정을 피해 갈 수 없는 것처럼 내가 행한 것은 반드시 결실의 때를 맞게 된다. 모든 종자가 때를 맞추어 싹을 틔우고 꽃을 피워내듯이 진실의 종자 역시 싹을 틔우고 드러남을 가릴 수 없다는 것을 알게 된다. 또는 결실을 위해서는 스스로 노력하고 생각하며 정성을 지속함이 기본이라는 것을 받아들이게 된다. 이러한 이해가 사람이 바른 고락을 찾아가게 하는 기초가 된다. 진정한 인생의 즐거움[낙]은 단지 고생을 모르고 한동안 잘 지내는 것에 있지 않다. 진정한 낙을 가꾸는 길은 자신이 감당해야 할 고생을 정당하게 감수하면서 타인을 나의 즐거움을 위해 희생시키지 않는 상생[자리이타]의 길을 가꾸어 가는 데 있다는 것이다. 인과보응의 이치를 이해함으로써 자신의 순간적인 욕심이나 감정에 끌려다니지 않고 자제하며, 바른 사리 판단에 따르는 분별있는 행동으로 진정한 행복을 얻게 되는 것이다.

자동차를 운전하면서 정신을 집중하여 실수가 없도록 하는 이유는, 자동차 운전에 따른 위험이 어떠한 결과를 불러올 지 분명하게 알기 때문이다. 그 결과가 어느 때는 정말 순간의 실수로 자신을 비롯한 사람의 생명이 좌우될 수도 있고, 때로는 큰돈을 잃게 될 수도 있으며, 심하면 죄인의 처지가 될 수도 있다. 그런데 사람들이 마음과 몸을 사용할 때는 의외로 무심하게 습관에 맡겨 버리게 되는 경우가 적지 않다. 왜인가? 자동차는 눈에 보이지만 나의 정신과 감정은 눈에 보이지 않으므로 관리하기가 어렵기 때문이다. 그래서 그 결과를 뚜렷하게 예측하기가 어렵다. 만일 나의 말과 생각과 행동이 가져오는 결과를 미리 볼 수 있다면 나의 행동은 지금과 매우 다를 것이다. 내 인생의 진짜 숨은 역할자는 그 누구도 아닌[보이지 않는] 나의 마음이다. 그러므로 인생의 방향을 바꾸려면 무엇보다도 그 사람의 마음 씀을 바꾸어야 한다.

24

마음에 대한 명상

하나, 나의 마음이 드러내는 나의 감정과 생각은 하루아침에 이루어진 것이 아니다. 그러므로 오래도록 반복되고 굳어진 나의 마음을 이해하려면 오랜 시간과 역사 속에 빚어진 생의 역사를 끈기있게 추적해 보아야 한다.

둘, 마음은 모든 장애로부터 자유롭다. 마음은 어떠한 두께의 벽으로도, 아무리 먼 거리로도 막을 수가 없다. 나무, 쇠, 돌, 물과 불 등 무엇으로도 마음이 나아가는 데 장애가 되지 않는다. 마음은 무한히 먼 거리라도 단번에 도달하고 심지어 마음을 위해서는 탈 것[자동차 등]의 도움도 필요하지 않다. 나의 마음이지만 그 마음을 잡기가 정말 어렵다. 때로 마음은 생각보다도 빠르게 변하여 나의 결심이 나의 마음을 잡을 틈을 주지 않는다. 쉴 새 없이 변하면서 나를 알 수 없는 곳으로 끌고 다니기도 한다.

셋, 마음을 움직이려면 정성과 인내와 시간이 필요하다. 마음은 근본적으로 지극히 섬세하여 스스로 알아채지 못하는 사이에 반응하기 때문이다. 따라서 마음이 생각과 감정을 일으키는 것을 미리 알아채거나 조절하기가 쉽지 않다. 더군다나 마음은 한번 동하면 어느새 허공을 메울 듯 거대한 구름처럼 발전하기도 하고, 갖가지 분별과 망상으로 변화를 일으킨다. 때로 마음이 한번 발동하면 대체 그 사람이 무슨 행동을 하게 될지 짐작조차 불가능하다. 그러므로 마음의 이러한 성향을 이해하는 한편, 마음의 안정된 상태를 유지하고 보살피는 법을 배우는 것은 어떤 배움보다도 중요하다.

넷, 마음은 무엇인가를 이루어 내는 주인공이기도 하다. 마음은 이루어 내는 힘이다. 마음이 있으면 언제 어떻게든지 마음에 정한 것을 이루어 내지만 마음이 사라지면 아무것도 이루어 낼 수 없다. 마음은 마음먹은 바를 이루어 내는 실질적인 핵심이자 생명력 그 자체다. 마음으로 생각하면 그 생각은 곧 이루어져 가는 과정 자체가 될 수 있다. 그러므로 마음을 먹되 의미 있는 생각을 해야 하며 긍정적인 생각을 가져야 한다.

다섯, 그렇다면 마음은 나를 책임지고 끌고 가는 진정한 나의 주인인가? 답은 '글쎄요~'이다. 마음은 나의 의식과 생각, 그리고 감정을 이루고 있지만 나를 책임지지 못하는 경우가 허다하다. 안 되는 줄 알면서도 '그러는' 것이 마음이다. 또한 감정의 소용돌이에 휩싸인 마음은 몇 날, 몇 달 혹은 몇 년을 아무것도 할 수 없게 만들기도 한다. 그리하여 나는 나의 감정과 생각에 대한 무한한 집착을 품지만, 이들은 결코 나의 인생을 책임지는 것은 아니다. 때로는 내가 지극한 애정과 책임감으로 부여잡고 있는 한 생각이나 감정이건만, 어느 한순간에 스르르 무너지고 사라지기도 하지 않는가? 그러므로 비록 내 것이지만 마음을 나의 존재 그 자체로 보는 것은 위험하기 짝이 없다.

여섯, 이렇게 무한하게 자유자재로 흐르기도 하고 나르기도 하고, 문득 사라지기도 하는 것이 마음인 한편, 그처럼 턱없이 변화하는 것을 지켜보며 자제할 줄 아는 마음이 있다. 이 흘러가는 마음을 바라보는 마음이 각심[覺心, 자각의 마음]이다. 경계와 상황에 따라 일어나는 감정과 본능적 혹은 습관적으로 반응을 일으키는 마음에 비해 한층 깊은 곳으로부터 멈추어 지켜보는 마음이다. 이 마음을 찾아서 일상적인 감정에 따르거나, 생각나는 대로 반응하기 전에, 멈추어 바라보고 있으면 흘러가던 마음은 분화되지 않으므로 고요해진다.

고요하면 스스로 비추어지는 맑은 상태의 마음이 된다. 이 맑은 상태를 유지하며 답을 구하면 지혜로운 판단이 나온다. 이것을 소태산은 각심覺心 혹은 식심識心이라고 하였다. 깨닫고 분별하고 알아채는 마음이 이에 속한다. 이 마음은 걷잡을 수 없이 흘러가는 마음이 가져다줄 결과를 예측하며 많은 생각 속에서 필요한 생각을 챙기고 아닌 마음을 놓아버리며 나를 위해 진정으로 책임지는 행동을 주도하는 의식이다. 일반 마음이 일차적 감각 반응이라 한다면 각심은 심층적 의식이며 나를 진정으로 책임질 수 있는 지혜를 불러내는 의식이다. 우리의 일상 수행의 목표는 이 원석原石의 의식을 단련하여 나의 마음을 자유롭게 사용할 수 있는 힘을 갖추기 위한 것이다.

맑고 깨끗한 머리, 잡념이 사라진 상태를 만들고 싶다면

확고한 뜻을 가지고 생활 습관을 관리한다면 하루 중 일정한 시간 동안 잡념이 비워진 상태를 지키는 것이 그리 어려운 일은 아닐 것이다. 안정되고 평탄하고 맑은 정신 기운이 내 마음의 중심을 이루어 텅 빈 마음 그 자체를 즐길 수 있게 된다면 그것이 곧 인생의 진정한 행복을 체험하게 되는 지름길이기도 하다. 인생의 참된 행복감은 정신의 안정으로부터 오는 것이라면, 인생의 불행감은 정신의 불안으로부터 오는 것이기 때문이다. 일상의 다양한 순간 속에서 흐트러지고 흐려진 마음을 미연에 방지하거나 빠르게 인지하여 가능한 한 본래의 맑고 고요한 상태가 유지되도록 해야 한다.

또한, 인간의 마음에는 다양한 욕망과 어리석음이 일어나는데, 이 마음의 변화를 지나치지 말고 흐려진 마음을 맑으며 밝은 분석과 판단이 되도록 연습하고 또 해야 한다. 이와 같은 수행을 정성으로 지속하다 보면 비록 시간이 걸리고 시행착오를 겪겠지만,

결국은 점차 안정에 도달하는 시간이 단축되고 집착을 놓는 데 따르는 고통도 가벼워지게 될 것이다. 이러한 수양의 공부가 익어 가면 나를 해치거나 불행으로 끌고 가는 잘못된 복[한때만 좋은 것, 혹은 그릇된 방식인 줄 알면서도 대책 없이 오래 머물러 있던 삶의 유형(그릇된 복)]을 점차 벗어나게 된다. 그리고 점차 나의 선택과 결정이 자신과 주변 사람에게 정당하고 지속적인 행복을 가져다줄 수 있게 될 것이다.

마음 밭 가꾸기는 잘못된 습관이나 잘못된 선택을 지혜롭게 돌려서 바람직한 고락의 길을 개척해 가는 것임을 의미한다. 중요한 것은 내 생각과 행동이 나의 인생을 결정짓는 것임을 분명하게 알고 한 가지씩 지혜로운 복을 쌓아가는 것이 인생의 목적이 되어야 한다는 것이다. 이러한 자각에 바탕을 두고 내 모든 순간의 행동이 가져오는 결과를 확실하게 인식하며 삶의 형식을 길들여 가자는 것이다. 공심空心, 원심圓心, 정심正心에 기초한 수양, 연구, 실행의 수련이 나의 인생을 투자해야 할 가장 중대한 기초공사가 되는 셈이다.

2부

영보국의 주인

1
마음의 요란함을 잠재우기

일상 수행의 요법 1조

> 심지는 원래 요란함이 없건마는 경계를 따라 있어지나니, 그 요란함을 없게 하는 것으로써 자성의 정을 세우자.

정신을 수양하기 위해 산으로 갈 필요는 없다. 소태산이 밝힌 일상 수행의 요법은 일상의 삶을 벗어나지 않고 일상과 더불어 누구나 실천할 수 있는 수행인 동시에 인생의 행복과 사회의 번영을 동시에 가꾸어 갈 요령을 밝힌 것이다. 일상의 수행은 곧 경계 속, 생활 속, 일상 속의 수행을 의미한다. 끝없는 관계 속에 형성되는 무한한 삶의 경계를 확고한 수행의 의지로 효과적으로 대처하는 공부법이다.

삶의 질은 경계를 대하는 개인의 대응 속에서 결정된다고 해도 지나친 말은 아닐 것이다. 깨달음은 우리의 일상과 분리되어서는 의미가 없다. 일상에서 안정된 평정심의 유지와 바른 분석과 빠른 판단, 그리고 이를 행동으로 옮길 수 있는 걸림 없는 취사[실행]를 동반하게 될 때 비로소 깨달음의 실질적인 가치가 증명될 수 있다. 모든 순간 한 마음의 취사가 나의 인생을 구성하는 사실적인 재료가 됨을 자각하여 순간의 취사에 정성을 들이대는 것이 곧 일상의 수행이 되는 셈이다. 그리하여 일상에서 내 마음의 운전이 자유를 얻게 되면 그에 따라 인생의 장애들이 걷히고 진정한 행복을 스스로 일구게 될 것이다. 결국 인생의 행복은 일상의 행복 속에 있고 일상의 행복은 일상의 수행 속에서 피어나는 것이다. 소태산이 일상의 수행을 중요하게 생각하고 그처럼 열정적으로 제자들을 훈련한 뜻도 이 같은 취지에서 비롯되었다고 생각한다. 돌이켜 보면 그는 나라를 빼앗긴 민중에게 무엇과도 바꿀 수 없는 흔들림 없는 일상의 가치를 구축해 주려고 한 것이다.

어떠한 상황에도 일상의 안정과 심법[마음 씀씀이]이 지켜지고 작동된다는 것은 무엇을 의미하는가? 일상의 안정은 알다시피 나 홀로 안정을 원한다고 저절로 주어지는 것이 아니다. 일상의 바르고 원만한 판단은 손해 보는 일 없는 영리한 계산과는 다르며, 또한 일상의 바른 실행[취사]은 실수하지 않는 것과도 다른 개념이다. 마음의 영속적인 안정을 의미하는 '열반락'은 존재의 근원을 깨닫고 하나를 이룬 심법을 통하여 가능한 것이다. 또한 상대편과 함께 상생하는 길을 찾는 중도적 판단력, 바른길을 찾아 이를 실행하기에 최선을 다하는 취사력은 주위 인연과 더불어 안정과 신뢰를 유지하면서 은혜로운 삶을 일구어 가는 방법이다. 자신의 근본에 대한 이해는 물론 타인에 대한 이해와 배려를 통해 '자리이타'의 길을 찾아 견고한 일상을 일구어 가는 공부이다.

소태산은 대각 후 그 문하에서 도를 얻고자 모여든 제자들과 저축조합을 결성하고 그들에게 가장 먼저 헛된 겉치레와 결혼, 회갑, 장례 등에 따르는 과장된 예식문화를 하나씩 바루어 가도록 인도하였다. 과한 지출을 적정선에서 조절하고 평소 예상한 소요 금액보다 절약한 금액을 조합에 저축하는 식이었다. 이와 같은 생활이 지속되면서 조합원들이 얻게 된 것은 과연 무엇이었을까? 그것은 다름이 아닌 일상의 견고함이었다고 생각한다. 정신의 세 가지 공부[삼학 수행]를 통한 마음의 안정과 연구력에서 나오는 바른 판단력과 고질적인 관습으로부터 자유를 얻은 실행의 힘[취사력]이 그들의 삶을 주도하면서 얻는 소득과 성취감은 이루 말할 수 없는 것이었다.

이제 소태산의 가르침이 집약된 '일상 수행의 요법 9조목'을 구체적으로 소개하고자 한다.

"내가 그대들에게 일상 수행의 요법을 조석으로 외게 하는 것은 그 글만 외우라는 것이 아니요, 그 뜻을 새겨서 마음에 대조하라는 것이니, 대체로는 날로 한 번씩 대조하고 세밀히는 경계를 대할 때마다 잘 살피라는 것이라, 곧 심지에 요란함이 있었는가 없었는가, 심지에 어리석음이 있었는가 없었는가, 심지에 그름이 있었는가 없었는가, 신·분·의·성의 추진이 있었는가 없었는가, 감사생활을 하였는가 못하였는가, 자력생활을 하였는가 못하였는가, 성심으로 배웠는가 못 배웠는가, 성심으로 가르쳤는가 못 가르쳤는가, 남에게 유익을 주었는가 못 주었는가를 대조하고 또 대조하며 챙기고 또 챙겨서 필경은 챙기지 아니하여도 저절로 되어지는 경지에까지 도달하라 함이니라. 사람의 마음은 지극히 미묘하여 잡으면 있어지고 놓으면 없어진다 하였나니, 챙기지 아니하고 어찌 그 마음을 닦을 수 있으리요." 〈『원불교 대종경』 수행품 1장〉

1)

심지[心地, 마음 밭, 마음 바탕]는 누구나 타고나는 마음의 근본 바탕을 뜻한다. 사람으로서 누구나 갖고 있는 마음의 바탕은 미처 한 마음[생각]도 일어나기 전의 마음 상태이다. 그러므로 심지란 '나'에 대한 한 생각도 심어지기 이전의 마음이다. 이는 '고요함' 혹은 '요란함'이라는 한 생각조차 일어나지 않은 고요하고 허공처럼 텅 빈 마음 상태이다. 사람이 아무런 생각도 없을 때는 마치 마음이 없는 것처럼 가볍고 마음의 움직임이 끊어져 때로는 내 마음의 주인인 나 자신조차도 마음이 어디에 있는지 찾을 수가 없다. 심지어 길을 가고 있다든지, 누군가를 대하고 있으면서도 마음이 평온하고 변화가 없을 때가 있다.

그러다가 문득 마음속에서 지난날 겪은 일이나 어떤 사람에 대한 '한 생각이 떠오른다'든지, 아니면 어떤 일을 하는 중에 갑자기 '마음이 요란해지는' 경험을 한 일이 있을 것이다. 이처럼 요란함이 없는 평온함으로부터 문득 '마음의 요란함'을 느끼게 되는 것은 아무래도 '일상생활'이 주된 무대가 된다고 볼 수 있다. 다른 한편으로 보면, 삶에 있어 어떠한 순간도 '일상이 아닌 순간'은 없으리라는 것이다.

일상생활 속의 수행은 그러므로 삶의 모든 순간을 떠나지 않는 수행을 의미한다. 사람이 살아가면서 마음이 요란한 상태를 비유하자면, 바다를 항해하는 중에 자신이 타고 있는 배가 풍랑에 휩쓸리는 것과도 같다. 보통 마음이 요란해지면 가슴이 뛰고 쉽게 흥분이 되며 때로 혈압이 오르면서 마음의 평온한 상태를 벗어나게 된다. 때에 따라 잠깐이 아니고 하루에도 여러 차례, 또는 동일한 상황을 생각만 해도 '마음의 요란함'으로 인해 다른 아무 일에도 집중할 수 없는 경우가 있다. 마음의 안정 상태를 잃으면 불안과 불쾌한 감정이 뒤따르게 되며, 합리적인 판단과 결정이 어려워지게 된다. 이렇게 마음이 요란해질 때, 혹은 요란해지려 할 때, 이를 빠르게 알아채고 원래의 평정이 회복되도록 하여 가능한 마음의 평화와 평정 상태를 지속하자는 것이다.

마음이 요란한 것은 갖가지 분별 망상을 좇음으로 인하여 일심의 평정 상태를 벗어난 것을 의미한다. 수양의 목적은 한마디로 '분별 망상을 그침으로써' 마음의 파도가 멈춘 본래 마음으로 중심을 세우려는 데 있다. 마음의 수양[안정]을 얻는 훈련을 거듭하여 굳건한 중심이 잡히면 어지간해서는 마음이 쉽사리 흔들리거나 경계에 끌려가지 않게 된다. 많은 경우 마음의 안정을 얻기 위해 깊은 산중을 찾거나 모든 일을 놓고 어디론가 떠나곤 한다. 그런데 소태산은 '지금 여기, 나의 삶 속에서 마음이 요란해지는 그 순간을 당할 때, 이를 회피하거나 놓치지 말고 그 요란함 자체가 없어지도록 수행을 실행하라'는 것이다.

마음의 요란함은 왜 일어나는가? 어떤 원인에 의하든지 경계를 당해 마음이 요란해지는 것은 두려움과 욕심과 어리석음으로부터 비롯된다. '요란함'이라는 말에는 요란함을 느끼는 이의 개별성이 들어있다. 동일한 상황인데 A는 마음이 요란해지는데 B로서는 전혀 마음의 동요가 없을 수도 있다. 같은 원리로 다른 상황에서라면 두 사람의 심리적 상황이 역전될 수도 있다. 이처럼 각자가 느끼는 '요란함'은 개인적 업의 종류와 기질의 차이에 따라 다르게 일어나게 될 것이다. 그런 만큼 요란함이 일어나는 기준을 지정하기는 쉽지 않고 다분히 각자의 업을 따라 주관적일 수밖에 없을 것이다. 그러므로 개인의 업과 기질을 따라 마음이 요란하게 되는 경계와 분야들을 스스로가 분명하게 인식하는 것이 무엇보다도 중요하다. 사람은 누구나 여러 상황에 따라 다양한 경계와 맞닥뜨리게 되는데, 이 경계들로 인하여 요란한 마음이 일어날 때 결코 그 요란한 마음에 끌려가지 않도록 해야 한다. 이러한 뜻을 분명히 세우고 반복적으로 노력하는 것을 수행 삼아 실행하자는 것이다.

2)
불가佛家에서 논의되는 '무명'[어리석음]의 시작은 보이는 것과 보이지 않는 것, 혹은 변하는 면과 변치 않는 면의 양면으로 이루어진 세계에서 한편[보이는 면]만을 전부로 인식하는 것에 있다. 우리의 삶에 있어서 형상을 지닌 '유형의 세계'[존재적 세계] 외에 '무형의 세계'[비존재적 세계]는 잘 알려지지 않고 있다. 그뿐만 아니라, 설사 이에 관한 특별한 경험이 따르더라도 이를 힘써 외면하려는 경우가 적지 않다. 이러한 결과로 한편에 치우친 가치관으로 삶을 인지하게 되며, 이에 따라 살아있음과 죽음, 있음과 없음, 크고 작으므로 인해 드러나는 차별 상황을 절대적 차이로 받아들이게 된다. 물론 생사에 대한 공포, 생존을 위한 최소한의 필요를 앞두고 일어나는 요란함을 일거에 극복할 수는 없을 것이다.

그러나 삶에는 절대적 가치를 두고 죽음에 관한 생각과 접근은 공포와 터부Taboo로 묶여 그에 대한 이해와 접근이 오랜 세월 동안 늘 제자리 상태를 벗어나지 못한다면 어떻게 될까? 사람들은 이에 따라 '죽음'에 대한 구체적이고 사실적인 연구나 접근이 제한되어 결국은 '죽음'에 대한 무지를 초래하게 될 것이다. 또는 현재 보기 좋은 것과 그렇지 못한 것, 부유함과 가난함 등 차별심이 점점 깊어져 상대적 집착에 빠지게 될 것이다. 좋은 것을 갖게 되면 심한 애착이 생기며, 경쟁적 상대에 대해서는 승부욕과 함께 적개심이 생기게 될 것이다. 현상으로 드러나는 차별상은 사실은 변화의 한 과정에 속하는 것이다. 그럼에도 지금의 차이를 절대적 차이라고 생각한다면, 수많은 경쟁과 추돌을 피할 수 없을 것이고, 불안과 상쟁이 사라지지 않을 것이다. 그리하여 '나는 나의 목적을 이루어 간다'고 생각하지만, 사실은 죽음에 대한 공포나 물질적 욕심이 나의 주인이 되어 나의 에너지를 소모하고, 이에 따라 인생의 평화와 행복의 바탕이 되는 마음의 안정을 잃고 헤매는 상태가 되는 것이다.

결론을 짓자면, 인생에 따르는 모든 요란함의 주요 원인은 정신과 물질의 양면으로 이루어진 세계가 아닌, 보이는 면에 집중함으로써 각종 현상과 물질세계에 대한 끌림을 제어할 수 없게 된 것이라 하겠다. 그러므로 요란함을 치유하기 위해서는 한편으로는 요란함을 대치하는 마음을 키우는 동시에 다른 한편으로는 보이지 않는 세계['본래 요란함이 없는' 상태]에 대한 이해를 심화시켜야 할 것이다.

3) 마음의 요란함이 가중되는 현대인의 삶과 환경

"지금 세상은 물질문명의 발전을 따라 사·농·공·상에 대한 학식과 기술이 많이 진보되었으며, 생활 기구도 많이 화려하여졌으므로 이 화려한 물질에 눈과 마음이 황홀하여지고 그 반면에 물질을 사용하는 정신은 극도로 쇠약하여, 주인된 정신이 도리어 물질의 노예가 되고 말았으니 이는 실로 크게 근심될 현상이라."

〈『원불교 대종경』 교의품 30장〉

"지금 물질문명은 그 세력이 날로 융성하고 물질을 사용하는 사람의 정신은 날로 쇠약하여 …중략… 모든 사람의 정신이 물질에 끌리지 아니하고 물질을 사용하는 사람이 되어주기를 …하략."

〈『원불교 대종경』 서품 13장〉

고액의 돈을 보고, 혹은 사람의 마음을 단번에 빼앗는 진귀한 물건을 보고 이를 갖고자 하는 욕심이 발동하면, 인간적 의리나 순서, 염치를 하찮게 생각하고 그 순간의 욕심이 이끄는 대로 생각하고 행동하는 경우가 발생한다. 그런데 만일 이러한 현상이 여러 사람, 여러 단체로부터 자주 발생하게 된다면 어떻게 될까? 오랫동안 정성과 애정을 다하여 가꾸어 온 인연과 가정, 사회, 세계적 안녕질서는 빠른 시일에 무너지고, 수많은 사람의 생활과 생명이 위험에 처하게 될 것이다. 특히나 현대 기술문명의 발전은 이러한 욕망과 사태를 부추기고 세계 곳곳이 이미 고통과 혼란으로 신음하고 있다.

소태산은 과학기술문명의 개화로 물질의 무한한 변용이 자유자재하게 된 현대사회가 인간의 정신에 미치는 영향을 예견하였으며, 이를 "정신의 쇠약함이 가중되어 초래된 물질의 노예 생활"〈『원불교 정전』 개교의 동기 참조〉이라고 하였다. 소태산은 이 지나친 경쟁과 정신적 불안정 사태를 현대사회 전반에 걸친 거대한 병증으로 진단하였다.

4) 마음에 요란함이 일어나는 빈도를 줄이는 근본적인 방법은

원래 요란함이 없는 마음의 본래를 연마하고 단련하는 것이다.

요란함이 없는 자리는 '나누어짐이 없는' 자리이다. 나누어지지 않았다는 것은 분별 작용으로 구분되거나 쪼개지지 않은 상태를 의미한다. 원래의 마음자리는 보이지 않을 뿐 아니라 생각으로 나누어지기 이전의 상태, 즉 하나를 이룬 상태이다. 이 하나의 자리를 자주 명상하고 분별 작용을 내려놓으면, 분별 작용이 쉬는 것을 따라 요란함도 사라진다. 사람들은 자의 반 타의 반으로 온갖 분별 작용을 하며, 사람과 대상을 구분 짓는다. 분별은 그에 상응하는 감정 작용[요란함]을 일으킨다.

감정 작용에는 필연적으로 좋아하고 싫어하는 구분이 일어나는데, 좋아하는 것에는 애착이 따르고, 싫어하는 것에는 두려움과 혐오가 일어난다. 마음의 요란함을 줄여가기 위해서는 이러한 모든 습관과 작용을 잠시 멈추고 분별이 일어나기 전의 마음 상태를 찾아 안주하며 호흡을 고르는 선禪 훈련이 가장 요긴한 방법의 하나이다. 매일 잠자기 전이나 잠에서 깨어난 새벽 같은 조용하고 자유로운 시간을 택하여 좌선 수행의 습관을 생활화하는 것이다. 그리고 '원래 요란함이 일기 이전의 자신의 마음 상태' 혹은 내가 아직 이 세상에 오기 전의 상태를 생각하며 마음을 집중하는 것도 요령이 된다. 이 상태를 지속하기 위하여 깊은 호흡[단전 호흡]을 병행하면 잡념이 침범하는 것을 조기에 알아차리는 데 도움이 된다. 또는 통에 가득 채워져 있는 흙탕물을 조용한 곳에 놓아둔 모습을 상상한다. 그 흙탕물이 점차 가라앉고 맑은 물이 되어가는 것을 상상할 수도 있다. 내면으로 그 물이 정화되어 가는 과정을 따라 내 마음의 요란함의 파장도 이윽고 가라앉아 감을 경험하게 될 것이다.

좌선을 수행하노라면 어느새 한 생각[분별]이 다시 작업을 일으킨다. 그럴 때 일어나는 어떠한 생각에도 반응하지 않아야 분별 작용을 쉬는 훈련이 성숙한다. 좌선 도중 한 생각이 문득 일어나면, 번뇌 망상임을 잊지 말고 이에 반응하지 않으며 본래의 요란함이 없던 마음으로 돌아가기를 반복적으로 수행한다. 이 분별 망상이 쉬어진 텅 빈 상태의 마음으로 오직 자신의 호흡에 집중하다 보면 어느 때부터인가 견디기가 점차 수월해지고 그토록 지루하게 흘러가던 시간을 잊어버리는 경지가 온다.

이렇게 나도 모르는 사이에서 10분 혹은 20분을 그 상태로 앉아있게 되었다면 바로 이것이 선 수행의 성공적인 과정에 들었다고 할 수 있다. 아마도 이 정도가 되면 자신도 모르게 '기쁨'을 느끼게 될 것이다. 이 기쁨을 매일 맛보기 위해 수행을 반복하노라면 괄목할 만한 변화가 찾아올 것이다. 즉 예전처럼 어렵거나 동일한 상황을 만날지라도 예전 같은 요란함이 아닌, 점차로 가벼워지거나 담담한 마음으로 경계를 대하는 자신을 보게 될 것이다. 같은 대상이라도 예전 같은 흥분과 불안으로 들뜨지 않게 될 것이다.

이것이 각자의 내면에 있는 자성[마음]의 본래를 찾아 길들임으로써 스스로 요란함을 극복하고 생활 속에서 정신의 안정을 찾아가는 사례이다. 아마도 이러한 과정이 생활화된다면 지금까지와는 전혀 다른 차원의 인생 맛을 경험하고 음미하게 될 것이다. 이 일상생활 속의 수양을 위해 하루 생활 중 일정한 시간을 쪼개어 원래의 나누어지지 않은 마음 상태를 돌이켜 지켜보는 생활 습관을 만드는 것이 중요하다. 이 습관을 생활화하기 위하여 벽에다 종이를 붙여두고 매일의 실행을 체크하면 더욱 유익한 변화를 경험하게 될 것이다.

5) 요란함이 일어나는 그 순간이 바로 공부할 때

나의 마음에 요란함이 일어나면 그 요란함을 알아채는 동시에, 한걸음 나아가 '이 순간이 바로 요란함을 없게 하는 공부를 할 절호의 기회임'을 알고 수행의 의지를 끌어모아야 한다. 그리하여 그 일어나는 요란함에 끌려가지 않도록 마음에 힘을 주고 '멈추어 버티는 공부'를 실행해야 한다. 다만 마음으로 '내가 지금 끌려가고 있는가, 아닌가'를 대조하는 것이다. 이 수행이 지속되면, 어느 때부터인가 점차로 끌림의 정도가 줄어들게 될 것이다. 〈『원불교 정전』 '좌선의 방법'과 '무시선법' 참조〉

이러한 구체적인 자기 훈련이 물질에 대한 집착이나 감정적 끌림으로 점철된 삶의 경계에서 벗어날 수 있게 해주는 실질적인 치유가 되며, 삶의 질을 바꾸어 주는 계기가 될 것이다. 이렇게 경계가 닥치는 순간 속에서도 공부할 찬스로 삼는 정도가 되려면 실로 수행에 대한, 그리고 요란함을 다스리고자 하는 큰 결심이 확고해지지 않으면 안 된다. 요란한 경계를 넘어선다는 것은 오랜 생활에 길든 나의 생활 습관을 객관적으로 알아채는 것이며, 오래 길든 나의 오관[다섯 가지 감각 기관. 눈, 귀, 코, 혀, 피부를 이른다]

에 익숙해진 요구를 더 이상 받아들이지 않아야 하는 것도 포함되기 때문이다.

'요란함을 일으키는 경계'에 굴복하거나 피해 다니지 않을 수 있는 핵심 대안은 정신과 물질의 관계에 대한 바른 이해일 수밖에 없다. 정신을 수양하는 목적은 육신의 갖가지 요구와 물질적 욕망에서 벗어날 수 있는 정신적 중심의 확립에 있다. 요란함으로부터 자유로운 본래 마음을 찾아 이에 마음을 길들임으로써 스스로 안정하는 정신의 힘을 키우자는 것이다.

이러한 진리적 정체성을 확립하려면 정신과 물질의 관계에 대한 이해가 선행되어야 할 것이다. 그를 위해서는 보이는 면과 보이지 않는 양면으로 이루어진 우주의 진리를 연마함이 필수이다. 우선 우주의 보이지 않는 것이 자리한 면적과 보이는 존재들이 자리한 면적을 비교해 보자. 우주 허공에는 헤아릴 수 없는 수의 존재가 있지만, 존재성을 띠지 않거나 드러나 보이지 않는 공간의 면적은 가히 비교 불가의 무한대가 될 것이다. 그리고 이 전면에 나서지 않는 비존재의 존재를 위한 역할을 생각해 보자.

무수한 존재가 생명체 유지를 위한 수분의 공급과 호흡을 위한 청량한 공기, 식물이 뿌리를 내리고 건물을 짓기 위한 대지, 산야의 역할, 태양과 달의 순환 등 보이지 않거나 존재로 치부되지 않는 이 무한의 덩치들이 움직이고 작용하는 것을 바탕으로 모든 존재가 유지된다. 만약에 이 모든 배경적 존재들의 작용이 멈춘다면 존재의 존재함 역시 동일한 순간에 막이 내리게 될 것이다. 결론적으로 보이는 존재들의 보이는 부위는 보이지 않는, 혹은 비존재적 존재와 맞물려 이어져 있으며, 그 이어짐의 끝나는 부위가 어디인지는 누구도 알 수 없다. 즉 모든 보이는 존재들은 그 보이는 부위로서 한정 지을 수 없는, 보이는 측면과 보이지 않는 측면을 합하여 그 존재가 가능하다는 사실이다.

다음으로 중요한 것은, 우주의 존재들을 존재로 인식하고 인정하게 되는 것은 각 존재의 정신성의 유무에 있다는 사실이다. 정신적 작용 내지는 정신적 혹은 감각적 반응에 의하여 뭇 존재가 생명 작용의 주체를 이루게 된다. 존재의 생명 작용을 대변하는 것이 곧 오온[색수상행식色受想行識] 작용이다. 눈과 코와 입과 귀, 그리고 몸과 마음 작용을 통해 생명 활동이 이루어진다. 우리의 주제인 '요란함'은 '오온'으로부터 파생되는 오욕 번뇌가 그 원인이 되는 셈이다. 그런데 사실 오온은 헛된 욕망을 의미하는 것만은 아니다. 오온은 각자의 존재를 책임지기 위한 생명 작용의 다른 이름일 것이다.

다만, 명심할 것은 오온의 특성상 감각적, 현상적 만족 그 자체를 추구하게 된다는 사실이다. 오온의 생명 작용이 '나'라고 받아들여지면서 이 작용의 충족을 위해 필요한 물질에 끌리게 되고, 동시에 다른 존재와 필요가 상충하거나 때로는 일방적인 필요에 끌려 집착하게 된다. 또한 중요한 것은, 오욕[오온]은 존재를 책임지는 각심覺心의 작용이 아니라는 것이다.

그러므로 오온의 불같은 요구에 의해서든지, 아니면 존재의 불안에 따른 요란함이라 할지라도, 감정과 동요가 발생하여 마음이 요란해지는 순간, 결단코 이 요란함을 따라가지 말고 멈추라는 것이다. 요란함을 멈추는 길은 무조건 요란함에 끌려가지 않고 멈추는 것이다. 요란함을 따라 감정이 부풀어지고 이에 따른 생각이나 결정에 따름은 어떠한 상황에서도 결코 답이 아니다. 요란함은 고통이며 혼란이며 심신 간, 인연 간의 갈등과 부조화의 시작이 된다. 요란함을 멈추면 서서히 답이 보이고 마침내 답을 찾을 수 있다. 요란함을 스스로 멈추는 것은 마음에 일어나는 온갖 분별과 감정의 소용돌이로부터 일차적으로 벗어나는 길이 된다. 이렇게 하여 마음의 참된 근원처[원래 요란함이 없는 자리]에 의식을 집중하며 현실의 인간적, 물질적 대상으로 인하여 마음이 뽑혀 나가지 않도록 하자는 것이다. 유무 초월의 본처에 마음을 묶고 우리의 정신이 대상을 쫓거나 요란해지지 않고 자성[마음의 본래 상태]을 유지할 수 있도록 하는 것이다. 이 방법으로 요란함의 경계들을 점차로 가볍게 상대할 수 있고, 이에 따라 더욱 안정된 정신의 힘이 쌓여가게 될 것이다.

우주의 보이지 않는 면이 보이는 존재를 좌우한다. 정신과 육신으로 이루어진 사람에 있어서도 요란함을 다스리기 위해서는 정신이 육신을 다스리고 통솔하는 주체임을 인식함이 중요하다. 정신의 중심은 마음의 원래 상태를 벗어나지 않음으로써 요란함에 끌려가지 않는 힘과 오온[오욕]을 바르게 인도하고 충족시키는 역량을 발휘하게 된다. 선禪을 통해 우주의 근본 바탕, 또는 각자의 정신적 바탕에 관해 깊이 관조하고 그 근본적 바탕에 머물러

안주하는 훈련으로 자신의 진실한 바탕을 체화해 가는 것이 필수적으로 요청된다. 이러한 노력이 일상화되어 갈 때 우리의 삶의 유형은 변화될 것이며, 사람들의 정신적 바탕도 견고하게 될 것이다.

6)

요란함은 일심에서 벗어났음을 알리는 신호이다. 요란함의 문제는 물질과 정신의 관계를 모르는 것과 다양한 경계를 만나 일어나는 것도 있지만, 오랜 세월 머릿속에서 떠나지 않는 각종 근심·걱정 또한 요란함의 원인[번뇌]을 제공한다. 이러한 번뇌[마음의 요란함]를 다스리기 위하여 소태산이 제시하는 대치법의 하나가 '비교 불가한 큰 원'을 세우는 것이다.

"무슨 방법으로 수양하여야 오욕을 다 없애고 수도에 전일하여 부처님과 같이 한가롭고 넉넉한 생활을 하오리까?" "욕심은 없앨 것이 아니라 도리어 키울 것이니, 작은 욕심을 큰 서원으로 돌려 키워서 마음이 거기에 전일하면 작은 욕심들은 자연 잠잘 것이요, 그러하면 저절로 한가롭고 넉넉한 생활을 하게 되리라."
〈『원불교 대종경』 수행품 36~37장 참조〉

    소태산이 의미하는 큰 원이란 물질적 소유나 소아적 성취에 한정하지 않고, 나 자신의 인격 성취를 위한 큰 원을 세우고 이에 바탕하여 나 혼자만의 생존이 아닌 많은 대중을 유익하게 하는 공익을 위한 큰 목표를 세우자는 것이다. 큰 원에 큰 의문을 달고 사는 동안 평소 끊이지 않았던 크고 작은 근심·걱정으로부터 자연히 멀어지게 될 것이다. 이것이 곧 마음의 안정을 얻는 좋은 방법이라 하였다. 심신을 다 바쳐서 이루고자 하는 큰 뜻을 세우고 이를 이루기에 골몰하노라면 눈앞에 보이거나 심중에 일어나는 각종 현실적 욕망이 더는 번뇌를 일으키지 않아 괴로움에 시달리지 않게 될 것이다.

2

알음알이의 회복

일상 수행의 요법 2조

> 심지는 원래 어리석음이 없건마는 경계를 따라 있어 지나니, 그 어리석음을 없게 하는 것으로써 자성의 혜를 세우자.

 마음이 요란해지면 이로부터 파생되는 문제는 '바른 분석과 빠른 판단'을 방해받게 되는 것이다. 바르지 못한 분석과 판단은 우리가 원치 않는, 행복과는 거리가 먼 삶의 조건을 초래한다. 지금까지 인류의 삶은 물질 중심의 가치관, 혹은 이기적 사고로 인한 판단의 한계를 넘어설 수 없었다. 소태산은 인간이 지닌 정신의 자각력을 단련함으로써 물질 중심의 가치관이나 '나'라는 존재만을 위주로 하는 개인적 이기주의의 차원을 극복하고 더욱 원만하고 바른 판단의 힘을 키울 수 있도록 하였다. 과연 어떤 방법으로 수행하면 수시로 밀려오는 어리석음[무명]을 없게 하고 자각적 지혜를 개발할 수 있게 될 것인가?

무명을 물리치고 자성의 지혜를 확립하는 길은 무엇보다도 마음의 동요를 가라앉히고 그 가라앉은 마음으로 스스로 구하는 문제에 대해 직접 생각하고 답하기를 반복적으로 훈련하는 것이다. 마음을 맑히는 선禪 수행을 바탕으로 맑고 고요해진 자신의 마음에 각자가 타고난 연구력이 십분 활용되고 활성화되도록 하는 것이다. 긴박하게 돌아가는 삶의 굴레 속에서 바른 분석과 빠른 판단을 내릴 수 있게 되려면 당면한 문제를 스스로 풀어가려는 자세가 요청된다. 스스로 틈틈이 선을 통해 요동하는 마음을 가라앉히고 문제에 대한 답을 스스로 생각하는 훈련으로 살아있는 지혜, 연구력을 갖춘 공부인이 되어야 하는 것이다.

소태산은 '솔성요론'에 밝히기를, "모든 법을 응하여 가장 좋은 법으로 믿을 것이요."라고 하였으며, '지자본위'에 밝히기를, "앎을 구하는 데 있어 과거처럼 차별제도에 끌리지 말고 오직 구하는 사람의 목적을 달하기에 힘쓰라."고 하였다. 바른 분석과 빠른 판단은 한 순간 깨달음으로 완성되는 것이 아니다. 모든 지식이나 정보에 대해 차별을 두지 않고 종합하며 원만한 판단을 빠르게 내려 유용하고 후회 없는 결정이 나오도록 해야 한다.

자성의 지혜를 구하는 중요한 관문은 우주의 바탕이자 내 마음의 근본이 되는 공심空心에 대한 확고하고 바른 인식의 힘을 갖추는 것이다. 이로써 각심覺心의 기능이 차질 없이 발현되도록 빈 마음의 상태를 유지하는 것이다. 빈 마음[공심空心]은 모든 잡념과 번뇌를 비우고 일심이 된 상태이다. 텅 빈 가운데 성성하게 깨어있는 일심을 바탕으로 우주 만사는 오직 인과보응의 원리에 따라 해당하는 결과를 가져다줄 것을 확신해야 한다. 모든 주어지는 사태에 대해 세상이나 절대자를 원망하지 말고 스스로 행한 행동을 돌아보며 원인 결과를 분석하는 연구력이 충실해져야 할 것이다. 적절하고도 실질적인 대안을 구하는 구체적인 노력을 통해 구체적인 지혜의 힘이 성장할 수 있다. 어리석음을 물리치는 효과적인 방법은 지혜를 키우는 것이다. 지혜의 원천이 되는 자각이 살아나게 하려면 마음을 가라앉히는 수양이 기본적으로 요청된다. 이는 마치 파도를 잠재우고 흙탕물을 가라앉혀 요동치는 마음, 혼탁한 마음을 사라지게 하면 맑은 수면 위에 흔들림 없는 달과 자연을 보게 되는 것과도 같은 원리이다. 소태산이 혼탁한 머리로 오랜 시간 생각하는 것보다 잡념을 가라앉힌 다음 맑고 가벼운 상태의 정신으로 잠깐씩 화두를 들게 하는 훈련을 시킨 배경이기도 할 것이다. 〈『원불교 대종경』 수행품 14장 참조〉

자성의 지혜를 통해 어리석음을 물리치려는 방법으로 소태산은 제자들에게 우주 자연의 이치를 연마함으로써 우주의 기본 이치를 이해하도록 훈련하였다. 우주 자연의 원리를 사유하고 깨쳐 알게 되는 것은 인류가 타고난 각심의 소유자이기에 가능하다. 소태산은 지혜를 절차탁마하는 방법으로 우주 만유의 원리와 인생의 연관관계를 연구하며, 상황에 따라 일어나는 마음의 변화를 살펴서 이를 연구의 소재로 삼도록 하였다. 나아가 각자에게 주어진 인생의 문제를 스스로 연마하여 답을 찾도록 하였다. 이러한 훈련을 통하여 소태산은 수행자들이 단순히 과거의 경전 내용을 학습하는 것에 그치지 않고, 삶의 경험과 우주 자연의 이치를 연구함으로써 개인적인 문제를 알아내고 스스로 해결할 힘을 키우도록 하였다. 동시에 이러한 연구에 따른 사유의 과정과 결과를 기록하면서 스스로 점검하고 스승의 지도를 받거나 동지들과 열린 대화를 통해 객관적 인식과 판단, 취사[실행]에 따른 자신의 자취를 재점검하게 하였다. 이러한 공부를 위하여 특별한 기간과 환경을 찾지 아니하면서도 스스로 각자의 일과를 조절하면서 일정하게 시간과 노력을 투자하도록 지도하였다. 생활을 떠나지 않으면서 각심을 활성화하여 살아있는 지혜와 안목을 갖추어 가게 한 것이다.

소태산은 많은 경우 기복신앙에 의지하면서 삶의 대안을 자신의 힘으로 찾을 수 없다고 생각하는 지혜의 포기, 그리고 삶을 직면하지 못하고 우회하는 무기력한 관행에서 벗어나서 '자성의 지혜'를 목표로 새로운 희망과 자각과 용기를 갖게 한 것이다. 자성

의 지혜를 단련시키는 소태산의 의지와 대안을 정리하면 다음과 같다.

  선과 일원상의 진리에 대한 기본적인 이해를 통하여 자성의 본원에 도달하는 공부, 착심이나 기울어짐이 없는 마음으로 우주 근본에 대한 화두를 품는 공부, 성자의 공안을 화두로 품어 그 혜안을 이해하고 투득해 가는 공부, 공부하는 동지들과 틈틈이 의견을 교환하는 공부, 개인적으로 깨친 생각과 경전 공부로 정리된 내용을 글로 다듬어 발표하는 공부, 개인이 진행한 경과를 일기로 점검하는 공부 등이다. 이를 실행함으로써 소박하면서도 실질적이고 전방위적인 훈련을 주도하였다. 이러한 수행을 생활화하면서 사람들이 겪는 어리석은 생각과 감정의 순간을 뛰어넘으며 지혜로운 인생을 가꾸어 가는 것이 가능하다는 것이다.

3
행복을 쌓는 실행력

> **일상 수행의 요법 3조**
> 심지는 원래 그름이 없건마는 경계를 따라 있어지나니, 그 그름을 없게 하는 것으로써 자성의 계를 세우자.

마음은 행동으로 표출된다. 반복적인 행동은 습관을 만든다. 때로는 굳어진 습관이 나의 의지나 판단을 압도하여 결과적으로 원하지 않는 행동이 나오기도 한다. 이것은 내면적인 결정 과정에서 전일의 행동 습관이나 굳어버린 사고를 극복하지 못한 결과일 것이다. 바로 이렇게 마음속에 들어있는 그림[잘못된 습관]과 생각을 없게 하는 공부를 일상에서 수행하면 그른 결과를 낳는 행동을 그치게 할 수 있다.

앞에 밝힌 대로 심지[각심]에는 스스로 자각하고 행동에 앞서 판단을 내리는 기능이 작용한다. 바른 판단이란 아닌 길을 피하고 목적에 부합하는 길을 선택하려는 의지의 발로이다. 아닌 것은 버리고 맞는 것을 선택한 것은 그 선택과 결정을 행동에 옮기려는 것이다. 이처럼 각심覺心은 자기 존재의 안위에 대한 책임을 수행한다. 그리하여 우리는 끝없이 선택하고 결정하며 보다 나을 것으로 예상되는 길을 향해 나아간다.

그럼에도 우리의 결정과 행동에 따른 결과는 종종 실망과 고통을 수반한다. '원래는 그름이 없건마는 종종 파생되는 그름'에 대하여 우리는 과연 어떻게 대처해야 할 것인가? 원래 그름이 없다는 것과 삶에서 발생하는 오류는 어떤 상관이 있는가? 많은 경우 사람의 판단과 선택의 기준은 '무엇이 옳은 것인가' 보다는 '무엇이 자신에게 더욱 많은 이익이 돌아오게 될 것인가'에 치우쳐 있을 수 있다. 때로는 바른 판단을 내리지만, 감정적 집착이나 미루는 습관, 감정의 기복에 밀려 실행에 지장을 받게 된다.

자성의 계[戒]를 세우는 것에 관하여 소태산은 자성의 혜[慧]를 바탕으로 내려진 바른 분석과 빠른 결정을 '죽기로써' 실행에 옮겨야 한다고 하였다. 이러한 노력이 이어질 때 실행에 장애를 가져오는 그른 습관과 순간적인 흔들림을 극복하고 원래의 뜻을 이루는 힘이 키워지는 것이다. 곧 흔들림 없이 '바름'을 실행하는 힘이 곧 자성의 계[실행력]이다. 자성의 계를 통하여 마음의 번뇌를 일으키는 요인을 줄여가며, 나아가 고통의 업보가 쌓이는 것을 피할 수 있을 것이다.

일상 수행의 요법 3조의 중요과제는 모든 일상의 순간에 있다. 실행의 때를 만났을 때 바른 분석과 빠른 결정을 내려 끝까지 행동에 옮기는 것이다. 사람의 마음 바탕인 심지는 원래 바르고 그름을 초월한 것이며, 분석과 판단이 주어지면 아니라고 판단되는 길을 피하고 옳다고 생각되는 것을 끝까지 실행하고자 하는 취사의 속성을 타고났다. 바른 분석과 결정에 따른 바른길, 합리적인 방법을 인지하고 이를 실행하는 기본능력을 통해 '나'라는 존재를 책임지는 것이 모든 사람에게 부여된 각심의 기본능력이다.

그런데 이 기본역량을 오랫동안 생각 없이 사용하는 동안 부지불식간 습관이 되어서 때로는 잘못된 일인 줄 알면서도 혹은 인식하지 못한 채, 때로는 설사 알더라도 그것을 멈출 힘이 없어서 지난날의 행위를 반복하며 살아온 것이 우리의 삶의 모습이다.

모든 상황 속에서 최종버튼을 누른 손은 나의 손이었음에도 불구하고 자기 행동이 피할 수 없는 업의 종자가 되는 원리를 확실하게 인지하지 못하기 때문이다. '아마 어떻게 되겠지'라는 막연한 생각과 책임 없는 행동들이 삶의 궤적으로 쌓여 오늘의 나와 나의 삶을 초래한 것이다. 행동에 앞서서 잘못을 인지했으면서도 멈추지 않는다면 우리의 일상은 전혀 달라지지 않으며, 그것이 누적되어 다가오는 결과 또한 피할 수 없게 된다. 인생은 쉬지 않고 내달리는 말과도 같은 것인데 어떻게 단시간에 모든 것을 바꾸란 말인가? 하고 반문할 수도 있다. 그런데 생각해 보면, 자동차를 운전하면서 내비게이션이 알리는 길을 무시하거나 나락으로 떨어질 것을 알면서도 계속 달리는 사람이 세상에 있을까? 아마도 자동차를 운전한다면 이런 경우는 극히 드물 것이다.

반면에 사람은 자기의 몸과 마음을 운전하는 삶의 과정에서 감정에 휩쓸려 위험의 나락으로 스스로 뛰어드는 경우가 적지 않게 있음을 우리는 알고 있다. 우리의 모든 행동의 결과를 좀 더 명확하게 예측할 수 있다면 바로 지금부터 마음의 고삐를 잡을 힘이 내면으로부터 나올 것이다. 소태산은 사람들이 생멸이 없는 우주의 체성에 갚아 있는 인과보응의 이치를 이해하여 믿게 하는 것이 그 어떤 일보다 시급하다고 하였다. 원인에 따른 결과를 예측하고 결단 있게 행동하는 수행이 마음속 그름의 씨앗들과 원치 않는 삶을 극복해 가는 바른길이다. 삼학 수행의 결정판은 곧 실행의 수행에 있다. 실행하느냐 못하느냐에 따라 나의 묵은 어두운 업이 바뀌는지 여부가 걸려있다. 모든 선택의 순간에 옳은 것을 취하고 아닌 것을 버리는 행行을 하나의 절대 계문으로 설정하고 이를 실천해야 한다.

우리 주변에는 수십 또는 수백 조항의 계문과 사회적 법칙이 구성원들의 행동을 지켜보고 있다. 옳은 일을 실행해야 한다는 압박은 한편 당연한 것 같지만 다른 한편으로는 사람에 따라서 이러한 규제에 대해 지나칠 정도로 큰 압박을 느끼고 일탈을 꿈꾸는 사람도 드물지 않다. 그런데도 소태산의 가르침은 단호하다.

죽기로써 정의를 행하고 죽기로써 불의를 행하지 않도록 해야 한다.〈『원불교 정전』 솔성요론 참조〉 이러한 공부가 일상에서 가능하며, 정신의 힘을 키우고, 물질에 끌리지 않는 힘을 키우게 하는 것이다. 설사 순간적으로 끌려가다가도 점차 빠르게 멈출 수 있게 될 것이다.

"모든 사람에게 천만 가지 경전을 다 가르쳐주고 천만 가지 선善을 다 장려하는 것이 급한 일이 아니라, 먼저 생멸 없는 진리와 인과보응의 진리를 믿고 깨닫게 하여 주는 것이 가장 급한 일이 되느니라." 〈『원불교 대종경』 인과품 16장〉

우리는 모두 지금, 이 순간도 헤아릴 수 없는 세월 속에서 누적된 생의 결과물로 살고 있다. 인생을 운전해 가면서 정말 중요한 것은 각자 마음을 사용하고 행동한 것들이 고스란히 자신 인생의 현재임을 깨닫는 것이다. 마음 사용의 결과가 때로는 자동차를 운전하는 결과보다도 치명적일 수 있다. 심신心身이라는 자동차는 사실 어떤 고급 차보다도 유능하고 다양한 기능을 지니고 있다. 그것을 공부하여 인지하고 그에 따른 사용법을 연마하여 심신 작용을 할 때마다 잘 사용한다면 이러한 경로를 따라 인생의 질은 정말 놀랍게 달라질 수 있다. 이를 실천하자면 우선 자신의 마음 운전하는 데 어떤 습관들이 있는가를 사실적으로 살펴서 다양한 습관의 형태를 알아차려야 할 것이다. 그중 잘못된 습관을 알아차렸다면 다음에는 이 잘못된 방향으로 심신이 운전되지 않도록 하는 것이 중요하다. 이 굳어진 악습을 바꾸려면 적어도 그 습관이 나올 때 일단 멈출 수 있어야 한다.

또한, 반드시 길들여야 할 좋은 습관을 결정했다면 그 길이 어설프고 낯설고 힘들더라도 꾸준히 닦아가야 한다. 이처럼 일상생활 속에서 스스로 훈련을 통하여 옳지 않은 행동을 멈추는 공부를 하고 옳은 행동을 실행해 보는 것이다. 나의 인생을 책임질 존재는 곧 나 자신이며, 나의 삶이 바른 실행으로 은혜로운 삶으로 변할 수 있는 모든 가능성도 나에게 달려있다. 내가 천부적으로 타고난 나의 원래 마음은 '원래 요란함이라는 한 생각도 없는 지극한 것이며, 그림자에 속지 않는 지혜의 둥근 달이 솟는 자리이며, 옳게 내린 판단을 따라 정확하게 실행에 옮기는 자리'이다. 결과적으로 우리는 소망이 이루어지지 않음을 걱정할 것이 아니라, 너무 정확하게 감응되는 인과의 이치를 두려워하며 생각과 행동으로 옮겨야 할 것이다.

　소태산의 일상 수행의 요법 1~3조는 우리의 마음이 요란해질 때, 또한 어리석은 분별 망상이 일어나 바른 판단에 방해가 될 때, 그리고 잘못된 실행과 행동으로 후회가 떠나지 않는 일상의 순간들을 '공부할 기회로 삼아서' 이 순간들을 바로 잡아가는 노력[수행]을 의미한다. 일상 속의 자잘한 행위들은 일상의 순간으로 그치지 않고 때로는 그 자신을 결정적인 위험으로 끌려가게 만드는 요인이 되기도 한다. 즉 이 세 가지 조항의 수행은 일상을 통해 인생의 내용을 바로 잡아가는 수행이라고 할 수 있을 것이다. 생활과 수도가 둘이 아닌, 새로운 차원의 일상을 통해 의미 충만한 인생으로 가꾸어 가자는 것이다.
　소태산이 '일상 수행의 요법 9조'를 마련한 것은 모든 사람이 진리적 자아정체성을 기반으로 일상의 모든 순간을 살아가도록 인도하려 한 것으로 생각한다. 진리적 자아를 인지하고 훈련함을 생활 속에서 달성하자는 것이다.

　일상 수행의 요법 1~3조는 '의술로서의 삼학'을 실현하는 길이다. 소태산은 정신의 삼강령[일심, 연구력, 실행력-공부의 요도]을 단련하는 것을 일러 '병든 세상을 치유하는 의술'을 갖추는 것에 비유하였다. 현재 인류사회는 기술문명의 발달로 편리함이 한도를 모르고 발전을 거듭하는 한편, 이에 따른 물욕이 자극되어 서로 시기와 원망과 다툼이 일어나고 심하면 전쟁으로까지 치닫는 세계에 처하여 있다. 삼학의 공부는 각심覺心의 힘을 양성하여 불균형하게 형성된 정신적 균형을 회복하며 스스로 정신적 치유를 이루는 법이다. 동시에 상대의 뜻을 존중하고 자리이타의 길을 찾아 실행함으로써 상생의 길을 열어 개인적 관계와 단체, 세계의 불화를 예방하고 나아가 치유를 가능하게 할 수 있으므로 이를 의술에 비유한 것이다.

　이에 비하여 '사은의 가르침'은 우주의 모든 존재를 '모두에게 없어서는 살 수 없는 귀한 존재들'임을 알아 감사하고 보은하는 길을 밝힌 것이다. 이를 '세상을 살리는 약재'로서 묘사하였다.

1~3조의 수행은 사은이라는 약재를 모든 증상에 적절하게 은혜로써 사용하여 고통에 허덕이는 사람들의 내면과 현실을 치유하는 마음의 능력[의술]이라 한 것이다. 모든 순간 어려움이 따르더라도 '근본적인 은혜'를 생각해서 극한으로 치닫는 일이 없게 하며, 상대로부터 입은 은혜와 존재 의미를 생각한다면 이것이 얼어붙은 관계를 상생의 관계로 풀어가는 열쇠가 될 수도 있다. 이렇게 은혜를 주된 약재로 마음에 걸리는 요란함, 어리석음, 집착에 끌리지 않으면서 중도를 실행하는 것이 개인, 가족, 단체 간에 쌓인 원망의 기운을 돌리고 그에 따른 고통을 줄여가는 최상의 의술이 된다는 것이다.

4
마음의 운전 수칙

일상 수행의 요법 4조

> 신과 분과 의와 성으로써 불신과 탐욕과 나와 우를 제거하자.

소태산에 의하면, 사람은 누구나 천연한 가운데 깨닫고 알아채는 각심覺心의 작용을 바탕으로 바람직한 인생을 일구어 갈 수 있다. 다만 인생의 불행을 초래하는 핵심 원인은 지금까지 밝힌 정신의 세 가지 힘[안정성, 연구성, 실천성]을 근본적으로 자기화하지 못함에 있다고 본 것이다. 지금부터 설명하게 될 일상 수행의 요법 4조는 소태산이 '삼대력 공부의 진전에 도움이 되는 것과 장애가 되는 것'을 밝힌 것이다. 이들 여덟 개의 조항은 자동차의 가속페달과 브레이크 페달에 비유할 수 있다. 가속페달을 밟으면 앞으로 나가는 추진력이 되고 브레이크 페달을 밟으면 앞으로 나아갈 수 없기 때문이다.

이미 언급한 바와 같이 오랜 구도 끝에 대각의 순간을 맞은 소태산, 그에게 찾아온 깨달음 직후의 첫 감상은 '내가 그동안 참으로 고생스러운 삶을 살았구나.' 하는 것이었다. 그리고 이어서, '앞으로 그러한 고생을 면하려면 이러저러하면 되겠구나.' 하는 생각이 일어났다고 한다.

소태산이 의미하는 '고생'이란 무엇일까? 그것은 '바른길을 몰랐기에 헤매고 서로 부딪치며 넘어지기도 하는 고달프고 힘든 삶'을 의미한다. 따라서 '고생을 면한다'는 것은 불필요한 헤맴과 충돌에서 벗어나 자유로우면서 상생하는 길을 열어가는 삶을 의미하였으리라 생각한다. 그렇다면 과연 어디에 이런 삶이 가능하겠는가? 이것은 한마디로 다른 차원의 삶을 의미한다. 즉 기존 삶의 방식을 뛰어넘는 새로운 삶의 패러다임을 통한 다른 차원의 삶이 바로 '고생을 벗어나는 삶'임을 깨달은 것이다. 이는 다른 말로 종래에 취하던 생각과 감정의 영역을 탈피하는 것이 필연적으로 요청된다는 것이다. 예컨대 여덟 개의 조항을 의미하는 '팔조'는 네 개의 진행 조목[믿음, 분발, 의문, 정성]과 네 개의 지연 조목[불신, 탐욕, 나태함, 어리석음(무명)]이다. 이 여덟 개의 조항은 모두 마음을 사용하는 데 있어서 동력이 되기도 하고, 위험 상황을 시정하게 함으로써 성공에 이르는 요령이 된다.

1) 불신의 마음

불신은 믿지 못하는 마음이다. 대체 무엇을 불신한다는 것인가? 그것은 단적으로 지금까지 밝힌 각심[정신]에 잠재된 세 가지 힘, 우주의 인과보응의 원리, 사은의 가르침을 만나고도 이해와 믿음을 내지 못하는 것이다. 소태산은 가능한 한 누구나 이해할 수 있도록 인도하기 위하여 이치를 따라 순리적이고 간명한 교재를 직접 준비하였다. 소태산은 "믿음은 만사를 이루려 할 때 마음을 정하는 원동력"〈『원불교 정전』 제5장 팔조 참조〉이라 하였다. '믿음'이 없으면 무엇을 하리라는 아무런 뜻도, 의욕도 일어날 수 없다. '될 것'이라는 기대가 없는데 무엇을 실행에 옮기겠는가? 믿음이 없다는 것은 땅[기반]이 없다는 것이다. 땅이 없다는 것은 집을 지을 땅이 없음이니, 믿음이 없으면 무엇인가를 이룰 수가 없다. 일차적으로 나 자신부터 안정을 얻지 못할 뿐 아니라 무엇인가 성취하기 위한 시도를 할 수 없게 되는 것이다. 소태산은 "큰 원이 있은 뒤에 큰 신信이 나는 것"〈『원불교 대종경』 수행품 43장 참조〉이라 하였다. 믿음은 원하는 마음이 간절하여야 일어나는 것이라 한 것이다.

설사 좋은 정보를 확보하였더라도 이를 실천에 옮기려는 진정한 뜻과 원하는 바가 없으면 실행의 동력을 일으킬 수 없다. '원願하는 마음'이란 지금까지의 삶에 따른 고통과 오류를 깨닫고, 이러한 삶을 극복하고 보다 나은 삶에 대한 비전을 갖는 것이다. 환자가 병을 고치고자 하는 간절한 바람이 있다면 약을 구하기 위해 노력할 것이며, 희망을 품고 복용하게 되는 것처럼 말이다.

　역사를 돌아보면 인류의 생[존재의 삶]은 불신이 기초가 될 수밖에 없는 경쟁 속의 살아남음이 최우선이 되는 그야말로 생존경쟁의 역사였다고 보아야 할 것이다. 나 하나가 살기 위해서는 늘 주변의 동태를 곁눈질로 살피며 언제든 대적해 싸울 태세를 갖추고 대비하는 것이 헤아릴 수 없는 세월에 걸쳐 진행된 역사의 진상이었다. 이에 비해 가족을 이루고 친지, 동료, 군신 사이에 신의와 의리를 강조하며 이의 실천을 위해 노력한 역사는 앞의 역사에 비해 상대적으로 보아 극히 짧은 기간에 불과하다. 집안과 자손의 성공을 위해 뜻을 품고 희생을 자임한 부모와 벗으로서 가지는 신의는 그래서 더욱 귀한 것이다. 이러한 것들이 인류사회를 진화시키는 진정한 원동력이 되었다고 할 수 있다. 말하자면 불신과 경계심이 생존의 틀을 이루는 기존 삶의 틀을 역행하여 불신을 놓고 진리의 차별 없는 감응과 나의 각심에 대한 믿음을 갖는다는 것은 그 자체로 이미 다른 차원으로 진화를 의미하는 것이자, 생명의 격을 높이는 역사적인 발걸음이 될 것이다.

자기 내면에 깃든 성품의 정보를 접하고 노력에 따라 감응과 결실이 따르리라는 확고한 믿음은 그에 대한 확실한 성공 사례가 있을 때 자연 발생적으로 형성되는 것이다. 예를 들어 석가세존이나 소태산의 가르침은 대중이 아직 모르는 금맥을 발견하여 채굴에 성공한 후 모두에게 그 금맥의 정보를 공개하는 것에 비유될 수 있다. 〈『원불교 대종경』 실시품 2장 참조〉

이를 접하고 '나도 한번 뜻을 이루어 보리라'는 강한 성취의 소망이 일어날 수 있다면 이것이 바로 믿음을 이룬다는 것이다.

눈앞의 것을 지키기 위해 사방을 노려보는 생활이 계속된다면 정신의 진화나 일상의 행복은 불가능하다. 불신의 마음을 믿음으로 돌린다는 것은 오랜 무명과 어리석음의 생활을 청산하고 진리를 향해 마음의 문을 여는 것과도 통한다.

내 마음속에 들어있다는 보물을 찾아 그 주인이 되어보리라는 간절한 소망으로 다져진 마음이 곧 믿음을 이룬다. 믿음이 있어야 해보고자 하는 의욕이 일어난다. 진정한 나를 위해 스스로 나의 내면으로 들어가 나에게 주어진 지혜 광명을 열어가는 것이 곧 불신을 버리는 수행이다. 불신은 열리지 않은 마음이다. 소태산이 뜻하는 크나큰 소망이란 각자의 마음속에 들어있는 최고의 보물을 찾아 진정한 주인이 되리라는 뜻을 품는 것이다. 이처럼 큰 소망을 품을 때 비로소 인생의 숱한 번뇌로 인한 시달림으로부터 해방되어 고요와 안정이 스스로 찾아온다고 하였다.

2) 탐욕의 마음

인류는 정신성이 뛰어난 만큼 다양한 인류문명의 세계를 구축하여 왔다. 당연히 우리의 관심을 자극하는 분야 또한 셀 수 없이 많다. 때로는 한 사람이 하고 싶은 일만 해도 놀랄 만큼 많기도 하다. 그러니 마음이 급해지고 쫓기는 것은 사실상 당연하다고 하겠다. 심지어 정당한 절차를 밟아 차근차근 순서 있게 뜻을 이루어가기보다는 조금만 힘이 있으면 힘없는 경쟁자를 밀어내고 심하면 타인을 해쳐서라도 무력으로 남의 것을 취하려 하거나, 힘들이지 않고 쉽게 취하려 한다는 것이다. 바로 이러한 마음이 '욕심'이다. 욕심이란 게임의 평등한 원칙을 어기고 무리하게 취하려는 마음이다. 이 조급한 마음, 남의 것을 빼앗아서라도 나의 욕심을 채우려는 마음의 불길이 정신을 덮으면 말 그대로 요란함이 일어나고 각심의 세계는 순식간에 사라져 버린다. 욕심은 모든 잘못됨의 시작이 된다. 출렁이는 마음, 어지러운 마음은 마음의 평화를 빼앗고 지혜의 눈을 덮어 바른 판단을 방해한다. 이러한 탐욕의 마음을 이기는 길은 무엇일까?

탐욕을 극복하려면 첫째, 정신과 물질의 속성과 그 관계를 철저히 알아야 한다. 탐심은 일상적으로 보일 수 있으나, 달리 보면 그 주인이 물질적 가치에 묶여있는 상태임을 알게 하는 '신호'가 된다. 욕심이 일어날 때 결코 무심히 이에 따르지 말고 멈추는 습관, 거리를 두고 관찰하는 습관이 일상의 수행으로 필요한 이유이다. 물질과 정신의 관계상 누가 주가 되고 종이 될 것인가? 정신은 물질을 다스리는 것이니, 마땅히 정신이 물질을 다스릴 수 있도록 힘을 갖추는 것이 정상이다. 소태산은 수레를 달리게 하려면 말을 채찍질하는가 아니면 수레를 채찍질하는가를 제자에게 물었다. 〈『원불교 대종경』 인도품 8장 참조〉

설령 황금으로 만들어진 수레라 할지라도 생명체와 종속물은 엄연히 구분되어야 한다. 우리가 배우고 익히고자 하는 '각심의 훈련'은 각자 타고난 정신의 근본적인 힘을 키워서 물질과 환경을 바르고 원만하게 사용할 수 있는 힘을 갖추자는 것이다.

  둘째, 소태산은 사람들이 알아야 할 가장 시급한 것은 우주의 생멸 없는 도와 인과보응의 이치라 하였다. 생멸 없는 도와 인과보응의 이치는 우주의 근간이 되는 운행 이치를 의미한다. 모든 존재 간에는 공통의 바탕과 공통의 감응 원리가 작용하고 있다. 그러므로 우주의 인과보응의 원리는 그 누구도 예외 없이 공정한 운행으로 각자의 지은 바에 의해 결과를 맞게 한다. 모든 사람이 이러한 진리적 순환의 결과에 대해 인식이 열리게 되면 어느 때 어느 대상을 대해서든지 나의 순간적인 욕심이나 분수를 넘는 욕심에 끌려가지 않고 주의심을 스스로 챙기게 될 것이다. 소소한 물건이라도 그에 따르는 인과를 생각하여 크고 작은 일에 경외심을 놓지 않을 것이다. 욕심을 다스려 남에게 도움은 주지 못할 지언정 결코 피해를 주지 않도록 해야 할 것이다. 인과의 평등한 이치를 믿고 스스로 정성과 노력으로 구하는 것이 가장 빠른 길이 될 것이다. 무엇보다도 정신의 진리적 정체를 확립하는데 삶의 역점을 두고 이를 즐기면서, 필요한 물질에 대한 계획을 세워서 노력하는 것은 무한한 경쟁과 스트레스의 삶을 벗어나 한가하고 여유로운 삶으로 들어서는 훌륭한 시도가 될 것이다. 소태산은 심지어 "… 탐한 욕심이 나거든 사자와 같이 무서워할 것이요" 〈『원불교 정전』 솔성요론 7 참조〉라고 하여 탐한 욕심이 밀려오는 순간을 극히 경계하게 하였다. 탐한 욕심이 밀려오면 걷잡을 수 없는 마음의 요란함과 상대심이 부풀려지면서 방금까지 내가 발을 붙이고 살던 세계는 사라지고 불신과 불행의 종자가 양산되는 것은 시간 문제가 된다. 이 뜻을 곱씹어 새겨볼 일이다.

삼학을 수행하면서 탐욕의 문제를 정리하자면 첫째, 물질적 욕망에 이끌려 정신적 본분을 놓치는 것을 경계함이며, 둘째, 순서와 노력을 무시한 채 단시일에 성취하려는 마음을 경계함이 될 것이다.

3) 나태
게으름의 습관을 떨쳐내기

'한가로움', 이것은 나에게 오래도록 꿈의 단어였다. 한가롭게 누워서 한가롭게 책을 보며, 한가롭게 낮잠도 자고 한가롭게 음악을 들으며, 한가롭게 여행하고 산책하는 그날에 대한 꿈….

아마도 이런 여유로운 인생의 시간에 대한 기대는 비단 나에게만 해당하는 것은 아닐 것이다. 마치 '만인의 연인'처럼 듣기만 해도 마음을 풀어지게 하고 환상을 불러일으키는 위대한 단어이기도 할 것이다. 늘어져 자는 밀림의 왕[사자]을 보라. 게으르기 짝이 없는 게슴츠레한 눈으로 하는 일이라곤 없이 빈둥거리다가 암사자들이 사냥을 해오면 가장 먼저 자리를 잡고 독식하고는 다시 삐딱한 자세로 누워 있지 않은가. 또는 똬리를 틀고 있는 구렁이는 아무 일도 안 하고 너무 한가롭게 시간을 낭비하고 있는 것은 아닌가?

그런데 알고 보면, 사실은 밀림이나 자연 상태에서 '한가한 존재'는 존재하지 않는다. 악어는 눈을 반쯤 뜨고 잠을 자며, 어떤 종류의 새들은 공중을 날면서 부족한 잠을 채우기도 한다. 부엉이는 온종일 숲에 숨어 숨죽이고 지내다가 밤이 되면 나와 사냥한다. 이처럼 모든 존재가 쉬는 때가 있기는 하지만 생존의 마당에서 '한가함'이란 존재하지 않는 것임을 조금만 살펴보면 어렵지 않게 확인할 수 있다.

다시 말해서 인간은 한가하기 위해 세상에 태어난 것이 아니다. 나태[게으름]란 오히려 인류가 자체적인 문명을 발전시키면서 권력이나 경제력을 따라 그에 속한 부류들에게 주어지는 향락일 수는 있다. 하지만 자녀를 바르게 교육하여 원만한 대물림을 원하는 부모라면 아무리 사랑하는 자식이라도 '게으름이나 나태'는 쉽게 허용하지 않는 것이기도 하다. 살아있는 존재로서 육신은 하는 일 없이 늘어져 쉬는 데 익숙해지고, 할 일들을 뒤로 미루며 오관[눈, 귀, 코, 혀, 피부의 다섯 가지 감각 기관]의 즐거움을 따라 집착한다면, 이는 한 사람의 인생에 있어 그 어떠한 성취도 어렵게 만드는 크나큰 장애가 되는 것이다. 물론 에너지의 재충전을 위한 잠시 잠깐의 여유와 휴식은 나태와는 다른 것이다. 많은 이들에게 마치 인생의 향유물인 양 인식되는 '나태'는 인생의 퇴보와 직결되는 위험천만한 악습일 수 있다는 것이다. 움직이고 노력할 필요를 거부하는 게으름이 나의 마음에 자리 잡고 있다면? 그 결과는 게으름이라 불리는 거대한 괴물 앞에서 단 한발도 전진하지 못하는 '게으름에 갇힌 사람'과 다를 바가 없게 될 것이다. 게으름의 용은 어쩌다 움직여 보려 힘겹게 기지개를 켜는 나의 어설픈 의욕마저 다시 잡아 누르며, 따뜻함의 유혹과 나른한 기운 속에 가두어 버린다. 이것이 곧 내가 스스로 키워놓은 나의 '내면의 공룡'이자 게으름의 괴력인 셈이다.

나태함이 심각한 가장 큰 이유는 그것이 나에게 나의 내면에 품고 있는 최고의 보물[각심의 보물]을 개발해 볼 엄두도 내지 못한 채 방치되도록 만들기 때문이다. 나태심은 나의 가장 가까이에서 나의 '마음먹기'만을 기다리고 있는 '나의 열린 가능성'을 방치하고 잊어버리게 만든다. 그리하여 결과적으로는 길고 먼 길을 돌아 남의 생각에 의지하고 남의 여유와 그늘에서 쉬고자 하며, 고생스러운 삶을 택하게 되는 직접적인 원인 중의 하나가 '나태함'이라는 것이다. 나의 마음은 늘, 바로, 여기에 있건만 그것을 찾지 않으므로 그것을 '게으름'이라 하는 것이다. 나태하고 늘어짐은 행복의 잣대가 아니며, 번뇌와 다툼의 삶을 지속시키고 심화시키는 근본 요인이 된다.

  소태산은 제자들에게 수행일기를 기재시킴에 있어서 하루 24시간의 운영 사항을 기록하게 함으로써 가능한 시간을 허송하는 일이 없이 스스로 자각적인 공부인이 되도록 지도하였다. 그러한 중에도 필요에 따라 소창도 하고 희로애락의 감정을 적절하게 표출하도록 하는 것도 빠뜨리지 않았다. 집중과 여유를 적절히 운용하되 의미없이 늘어지거나 안락함에 취하는 것은 어떠한 목표도 성취할 수 없는 인생의 크나큰 걸림돌이 될 것이다.

4) 우치함
어리석음을 벗어나기

  무명[無明, 지혜를 갖추지 못함]은 인생의 모든 잘못된 결과의 총체적인 원인을 제공한다. 아마도 불신으로부터 탐욕과 나태의 전 과정이 '어리석음'으로 수렴될 수 있을 것이다. 이러한 무명은 하루나 한 시절에 형성된 것이 아니며 심지어 불교적 생사관에 의하면 한 생에 걸쳐진 것만도 아니다. 그러나 어리석음은 충분히 걷어낼 수 있으며 걷어 내야만 한다는 것이 불교적 명제이기도 하다. 어리석음을 벗어난다는 것은 의식이 진화하는 것을 의미한다. 당연히 의식의 진화를 위해서는 확고한 원을 세우고 의식적인 노력을 지속해서 해야 한다.

소태산에 의하면 어리석음을 벗어나는 단적인 열쇠는 곧 '각심'에 있다. 각심의 단련을 통해 삼대력을 개발하는 것이 무명의 삶을 거둬내는 가장 효과적인 방법이 되는 것이다. 각심覺心을 단련함으로써 인류의 정신에 잠재된 보물을 발견하고 동시에 정신 진화의 역사를 일구어 가자는 것이다. 소태산은 이를 계발하기 위하여 다양한 각도로 제자들을 훈련하였다. 일상생활 속에서 선을 생활화하여 의식을 맑히면서, 경전연마, 의두연마, 정기일기, 의견교환 등을 지도하는 중에 제자들의 삶이 자연스럽게 자각적인 삶으로 변화하게 되는 것이 그것이다. 자각의 눈이 열리면 자신 안의 오관에 갇힌 눈으로만 바라보던 세상을 진리의 눈, 참 나를 통하여 보는 눈이 열리게 될 것이다.

※ 소태산의 무명을 걷어내는 가르침에 관해서는 앞서 설명한 『원불교 정전』 제3 수행편 '제1장 일상 수행의 요법' 2조를 참조하기 바람.

5) 믿음
진행 사조로서 요청되는 믿음은

인과보응의 진리에 대한 믿음

우주에는 모든 존재에 공통으로 주어지는 생명의 바탕체와 이를 주재하는 중심원리[진리]로서 인과보응의 원리가 있다. 믿음의 첫 번째는 바로 이 사실을 이해하고 확고하게 받아들이는 것이다. 소태산을 비롯한 성현들의 가르침을 통해 알려진 바에 의하면 자연, 도, 하나님, 신 등으로 명명된 자리는 모두가 하나의 근본처를 지칭하는 다른 이름들이다. 하나의 바탕을 총괄하는 하나의 일관된 법칙은 우주를 주재하는 영원불변의 법칙이다. 다시 말하자면 우주 만물은 동일하고 영원한 하나의 근원으로부터 비롯된다. 우주 만물이 형성되는 생명의 바탕[본질]은 하나라는 것이다. 그러므로 우주 만물이 소멸하여 돌아가는 자리 또한 하나이다. 모든 것이 시작되고 모든 것이 마쳐지는 자리는 하나이다. 이 하나의 자리는 언어로 설명될 수 없는 지극한 경지이다. 이 자리는 존재나 언어조차 형성되기 이전의 경지이다.

과거에는 보이지 않는 우주적 주재자에 대해 신비한 내용의 신화나 전설의 형태를 빌려 비유적으로 인식을 시켜왔다. 이에 비해 소태산은 우주적 진리의 사실적이고 실제적인 속성과 영향을 있는 그대로 직관하고 자각하도록 지도하였다. 또한 이러한 진리의 평등한 적용을 받아 누구나 지은 대로 거둬들이게 되는 '인과보응의 이치'를 깨닫도록 인도하였다. 우주의 운행에 인과보응의 감응을 확신하는 것은 탄탄한 터전을 만남과 같고, 농사지을 땅을 만남과 같다. 감응이 일어날 것을 믿으므로, 이루어질 것이 분명하다고 생각하게 된다. 그러므로 원하는 바가 뚜렷해지고 노력에 대한 두려움이 없어진다. 내가 원하는 바를 스스로 불신하는 것은 우주의 진리적 감응을 믿지 않음이며, 나의 불성에 타고난 무한의 가능성을 믿지 않음이다. 불성[각심]은 인과의 법칙을 알고 사용할 수 있는 새로운 차원의 정신 능력이며 원하는 것을 이루어 가는 힘이다. 우주의 인과보응의 이치를 의심 없이 믿고 자신의 불성을 믿으며, 모두의 불성을 믿는 것이 곧 깨달음이다. 믿음과 원[뜻]을 세움은 동전의 양면과 같다.

발원發願은 곧 믿음과 통한다. 소태산은 믿음과 함께 원하는 마음[소망]을 연결 지어 보다 많은 사람이 소망을 품기를 독려하였다. 그가 권하는 소망이란 무엇인가? 그것은 인간의 각심을 믿고 이를 개발하여 자신의 인생을 스스로 책임질 수 있는 인격을 완성한다는 소망이다. 현재 우리에게 주어진 것은 한계가 뻔한 환경과 조건을 두고 서로 다투면서 점점 지쳐가는 형태의 삶이다. 이처럼 지금까지의 삶에 대한 한계를 인식하고, 또한 이에 대한 집착을 버리고 각자가 타고난 정신적 가능성을 개발하여 새로운 삶의 세계를 열어가자는 것이다.

이 소망이 크고 확고할 때 인과의 진리와 내 마음의 속성에 대한 믿음도 이에 상응하여 확고해질 것이다. 본질적으로 부처와 나의 바탕이 다르지 않으며, 인과보응의 진리가 차별 없이 감응하므로 믿음과 정성으로 노력하면 된다는 확신이 믿음이다. 처음에는 차이가 크게 나지만 계속 노력하면 분명한 결실을 거두리라는 것을 의심하지 않는 것이 또한 믿음이다. 이처럼 나의 내면에 잠재된 가장 귀한 보석을 찾아 개화시켜 참된 인격을 이루려는 소망을 품는 것이 가장 큰 소망[서원]이라면 그러한 소망을 품을 용기를 반드시 한번은 가져야 하며, 그 꿈을 갖고 시도함이 옳지 않을까?

적어도 이 꿈은 나의 본성이나 태생이 남보다 뛰어나다는 헛된 우월감을 심어주려는 것도 아니며, 숨겨진 보물을 찾으러 떠나자는 허황한 이야기도 아니다. 지금까지 늘 상대적인 비교와 얼마 안 되는 재산 지키기와 자존심을 유지하기에 마음 편할 날이 없었는데, 이제 알고 보니 나의 타고난 기본품성이 어느 실력자나 어느 인격자와도, 심지어 부처와도 다르지 않다는 것을 아는 것이다. 그럼에도 이를 아직 한 번도 제대로 사용해 보지 못했음을 깨닫자는 것이다. 지금껏 제대로 알려지지 못한 채 묵고 있던 나의 각심을 깨워 일으켜서 나의 새로운 정체성을 확립하기 위한 서원이 확고해지면, 진리와 각심에 대한 믿음은 자연히 따라서 확고해질 것이다.

사은에 대한 믿음

두 번째로 요청되는 믿음은 우주의 진리가 사은을 통해 만물을 살리는 은혜로 화현한다는 사실을 이해하고 받아들이는 것이다. 사은은 우주 법신의 응화신 일체를 의미한다. 우주의 모든 존재는 사은적 생명의 연계 없이는 한순간의 존립도 불가능하다. 소태산은 천지, 부모, 동포, 법률이 상생의 원리로 연결되어 있음을 밝혔다. 사은으로 발현되는 우주 생명의 기능을 이해하고 받아들일 때, 우주적 한 살림의 구조 속에 있는 일원으로서 모든 존재를 대하며 흔들리지 않는 일체 의식과 함께 '자력自力'에 대한 새로운 이해가 열리게 된다. 즉 나에게 잠재되어 있는 정신의 가능성[각심]을 최대한 발현시킬 때 우주의 무한한 은혜를 감지하고 뭇 존재와 상생의 관계를 열어갈 수 있다. 이것이 소태산이 밝히는 '자력과 타력의 관계'이다.

무한한 우주의 은혜는 '사은'을 통해 베풀어지지만, 이 은혜를 상생의 관계 속에 지속해서 끌어오는 힘은 나의 자력에 달려있다는 것이다. 사은에 대한 가르침을 믿고 절대적인 존중과 감사를 느끼는 것이 사은과의 관계와 교류를 가능하게 하는 열쇠가 되는 셈이다. 사은을 통한 상생의 구조에 대한 이해는 현재 자신에게 가해지는 모든 상황의 유불리를 떠나서 존재에 대한 기본적인 존중과 연결감을 갖게 할 것이다.

자기 성품에 대한 믿음

청정 법신[清淨法身]의 존재적 내재화 내지는 인간적 내재화가 곧 성품이라 할 수 있다. 소태산은 '각심'이라는 호칭으로 자성[성품]에 대한 이해를 보다 대중이 가깝게 받아들일 수 있도록 배려하였다. 생명의 주체로서 각심은 모든 인간의 외형적, 연령별, 직위상의 차별에 상관없이 동등하고 동일하게 부여되어 있다. 소태산은 대각을 통하여 사람의 각심에 내재한 세 가지 잠재력[진리의 공·원·정]과 동일한 궁극의 안정성[유무를 초월한 경지로서 가장 정화된 생명의 극점이 갖게 되는 고요함], 식별성[밝은 인식과 차별 없는 분별 능력], 취사적 작용성[중도적 실행력]을 발견하였다. 이러한 품성은 모든 사람에게 기본적으로 부여된 잠재적 능력이라 할 것이다. 누구든 각심이 없는 사람은 없다. 이 각심을 얼마나 확신하고 단련하는가, 아니면 모르거나, 알고도 방치하는가의 차이가 있는 것이다.

이를 단련하여 자기화하는데 확신과 믿음이 없으면 실행이 따를 수가 없을 것이다. 만약에 내 마음에 뿌리를 둔 각심에 대한 확신이 없다면 항상 자기의 안정을 얻기 위해 외부적으로 누군가 혹은 무엇인가에 의존하게 될 것이다. 내 마음속에 보물이 들어있다는 사실을 이해할 때 그 보물을 확인하고 진정한 주인이 되기 위한 쉼 없는 정성이 가능할 것이다.

지금까지 열거한 분야에 관한 믿음은 모두가 소태산이 대각을 통해 깨달은 내용을 믿고 받아들임을 의미한다. 소태산은 대각의 경지를 통해 알게 된 우주적 진실을 모든 사람과 공유하며 모두의 인생과 세상의 변화에 도움을 주려 한 것이다. 수행이 부족한 일반인들로서 단번에 소태산의 대각의 경지를 소화하기는 어렵겠지만, 신뢰와 믿음을 통해 원을 세우고 분발하고 실행으로 옮기면 반드시 진입할 수 있을 것이다. 소태산은 가림없이 그리고 차별 없이 쉽게 누구라도 이를 받아들일 수 있는 안내와 설명을 시도하였다. 대각의 내용은 스스로 연마하고 궁구하면 할수록 확신으로 발전하게 될 것이다.

6) 분발

믿음을 바탕으로 마음에 품는 간절한 소망은 '할 수 있다'는 자신감과 희망, 그리고 용기를 동반한다. 분발은 가능성이 있음을 믿는 것을 전제로 발동될 수 있다. 만약 모든 존재에게 차별이 없이 작용하고 적용되는 인과보응의 원리를 믿고 기본 성품 또한 차별이 없다는 것을 알게 된다면, 이런 자각을 바탕으로 내면으로부터 우러나는 '하고자 하는 마음, 한번 해 보고자 하는 의욕', 혹은 '새롭게 불타오르는 의지'를 일러 '분발'이라 할 것이다. 분발과 용기가 아니면 지금까지 길고 긴 세월 잠들어 있던 각심을 깨워 일으키는 일이 불가능할 것이다. 돌 속에 들어있는 원석原石, 그것은 아직 드러나지 않았고 사용해 본 경험도 없는 것이다. 오직 크고 간절한 서원을 스스로 믿고 '왜 나라고 안 되겠는가?' 하고 분연하게 일어나 도전하는 것이 분발이다. 지금까지의 삶을 뒤로하고 새로운 길을 개척할 용기를 갖고 일어나는 것이다.

분발은 한때의 분발로 끝나는 것이 아니라 끝없이 분발하며 스스로를 일으켜 세우는 수행자로서의 투지이며, 생명력의 다른 표현이 되는 셈이다. 분발은 일어나서 다시 나아가게 하는 힘이다. 진리가 무엇인지 정말 이해하기가 어렵더라도 진리의 변치 않는 감응의 위력을 굳게 믿고 확신하는 마음으로 궁구하고 연마하기를 포기하지 않게 하는 것이 분발이다. 또는 나의 각심[자성]에 대한 확연한 통찰이 어렵더라도 각심을 믿고 스스로 화두를 놓지 않는 것이 분발이며, 원망스러운 상황에서도 사은의 구조를 믿고 서로 살 수 있는 길을 끝없이 찾고 노력하는 것이 분발이다. 그러므로 믿음이 없으면 분발이 일어나지 않을 것이다.

7) 의문을 일으키기

소태산이 삼학의 진행사조進行四條로 꼽는 '의문'은 '믿지 못하는 마음으로부터 일어나는 의혹이나 의심하는 것'과는 다르다. 이때의 의문은 분발의 지속 선상에서 '왜 안 되는지' 아니면 '과연 어떻게 이해해야 하는지'를 끊임없이 자문하며 길을 찾아가는 것을 의미한다. '어떤 까닭으로 그러한지', '왜 그렇다는 것인지'

를 스스로 자문하고 궁구해 가는 것이다. 그러므로 '의문'은 돌을 쪼아가는 도구[정]처럼 내면에 들어있는 답을 점차 드러나게 해주는 길잡이가 된다. 풀리지 않는 의문을 포기하지 않으면 그 의문은 스스로 의문 머리를 만들어 낸다. 의문 머리는 의문의 고리가 되어 의문이 해결될 때까지 내가 그 과제[의문]에 매달리게 만든다. 의문이 깊어지면 의문은 절대로 나를 떠나지 않고 오히려 나를 끌고 가는 힘이 된다. 마치 소가 되새김질을 하듯이 생각하고 또 생각하는 이것이 수행인의 연구력을 향상시킨다. 의문이 깊어지면 의두疑頭가 되는 것이다.

　삼학의 수행 요령을 자상하게 밝혔다고 하더라도 이를 직접 수행하여 자성의 삼대력으로 일구어 가는 과정에서 수 없는 어려움을 당하게 된다. 그것이 심리적이든 혹은 현실적인 결과를 통해서든 다양한 의혹과 불안과 불편한 상황을 마주할 때, '왜 이러한 현상이 나타나는가?'를 스스로 의문을 내어 생각하고, 혹은 '어떻게 해야 이 과정을 잘 해결할 수 있을 것인가?'를 스스로 의문을 내며 방안을 찾아가는 노력이 의문 공부이다. 의문 공부는 화두를 풀어가는 연료가 되고 인생의 문제를 의두 삼아 풀어가는 실질적인 역량으로 전환되어 가는 것이다.

8) 정성

 하고 또 하는 것이 정성이다. 아침과 저녁의 교차는 아침이라는 한 고정된 시간이나 저녁이라는 고정적인 시간이 따로 있어서 교체가 이루어지는 것이 아니다. 자연적 순환이 순간순간 끝없이 이어짐에 의해서 아침 혹은 저녁이라는 변화가 이루어지게 된다. 마치 가마솥의 물이 한 번에 가열점에 이르러 음식을 삶아내는 것이 아니며 지속되는 가열의 힘으로 100도에 도달하고 음식이 익어가게 되는 것과 같다.
 매일 이어지는 주야의 변화 속에 사철의 변화가 있고 이 가운데 농사의 결실이 주어진다. 매일의 지속은 매일의 누적을 이루며, 반복되는 주야의 순환 속에서 열매는 알이 채워져 간다. 자연은 지루함과 변덕을 모른다. 지루함에 끌리고 변덕에 잡히면 결실을 거둘 수 없다. 수행인으로서 정신의 세 가지 힘을 자기화하기 위해서는 세월을 잊는 정성으로 일상의 모든 순간에 수행의 의지를 쉬지 않아야 한다.

흔해 보이는 돌조각에 원석이 들어있음을 아는 이라면 몇 차례의 망치질로 원석이 드러나지 않는다고 쉽게 좌절하지 않을 것이다. 때로는 주위 사람들이 말리는데도 불구하고 스스로를 달래가면서 몇십 몇백 번이라도 재시도하게 될 것이다. 정신의 세 가지 역량을 위한 노력은 정신에 들어있는 가능성을 믿고 그 보이지 않는 보물의 주인이 되고자 끝없이 노력하는 것을 의미한다. 그 잠재력이 눈을 뜨게 되고 기능이 발휘되도록까지 무한한 정성을 들여야 한다는 것이다. 더군다나 이 과제는 보이지 않는 정신세계를 집중의 대상으로 하고, 한 걸음 나아가 일상생활을 벗어나지 않는 가운데 성취를 도모하려는 것이다. 무한한 집중과 정성은 아무리 강조해도 모자랄 것이다.

5

은혜의 맥을 찾아서

일상 수행의 요법 5조

원망생활을 감사생활로 돌리자.

현재의 나는 매우 유능하고 유복한 삶을 구가하고 있더라도 만일 나 하나만을 단독으로 떼어 놓는다면, 나는 단 하루도 살아갈 수 없을 것이다. 마치 아름다운 꽃 한 송이를 꺾어서 물도 없이 책상 위에 놓아둔다면 얼마 안 가서 그 꽃이 시들어 버리는 것과 같다. 공기도 내가 아니요, 물도 내가 아니요, 땅도 내가 아니요, 하늘도 내가 아니다. 이 모두가 나의 생존을 보장함과 동시에 모든 다른 존재들을 살리고 있다. 이렇게 우리는 자각하지 못하는 사이에 우주의 지수화풍을 통해서 공동의 몸을 이루며 한솥밥을 먹고 있는 셈이다.

보이는 존재들이 서로 대립하고 심지어 싸움이 끊이지 않는 것은 보이는 것만이 전부라 생각하고, 보이지 않는 면을 통한 연결을 모르거나 생각하지 않기 때문이다. 보이는 면의 이면을 들여다보면 모든 존재 간의 연결이 보이며, 그 속에는 서로 협력하고 살리는 구조가 들어있음을 알게 된다. 이처럼 우주의 존재들이 서로 절대적으로 협력을 하면서 살게 되어있음이 우주의 핵심 구조인 동시에 내가 생존을 지속할 수 있게 하는 힘이다. 나의 몸은 내가 생각하는, 육체적 모습으로만 이루어진 것이 아니다. 모든 존재는 우주의 큰 몸을 모체로 삼아 하나로 연결되어 있음을 미루어 본다면, 나 역시 우주 전체와 나누어질 수 없는 우주 그 자체의 일원이라고 할 것이다.

소태산은 20년의 구도 끝에 대각을 성취하였다. 그 오랫동안 그가 품어온 의두[화두]의 핵심은 무엇이었던가? 그것은 '우주 자연의 변화되는 까닭'을 알고자 함이었다. 그리고 그가 대각의 순간에 깨달은 것은, '우주의 체성이 하나이며, 이 하나의 거대한 체성이 인과보응의 이치와 더불어 두렷하고 신비로운 기틀을 지었다.'는 것이었다. 변화를 주도하는 인과보응의 이치가 하나를 이룬 체성을 주재한다는 것이다. 이는 곧, '살아있는 우주이자 하나를 이루어 있는 우주'를 말함이며, 동시에 '그 속에서 모든 존재 간에 인과보응의 이치를 따라 한순간도 멈춤 없이 무한하게 주고받으며 살아가고 있는 우주'를 의미한다.

존재와 존재가 함께 살아간다는 것은 존재와 존재가 결국은 서로를 살리며 살아간다는 것이다. 생멸을 초월한 영원한 생명의 바탕체가 성주괴공成住壞空의 자연 순환을 통해 만물이 살아가는 생명의 품을 제공하고, 부모의 입지에서 어린 존재가 힘을 얻을 때까지 생존을 지켜주고 기본교육을 도와주며, 존재 간의 상호거래를 통해 상부상조하며 모두를 살려가는 우주 생명의 거대하고 훈훈한 구조 즉, '은혜의 구조'를 깨달은 것이다. 하나의 신비로운 생명의 바탕으로부터 생겨나 생의 은혜를 누리고 나누며, 생로병사로 돌고 도는 우주적 존재의 실상이다. 이 모두가 기본적인 연결을 통해서 피어나고, 서로 주고받으며 나누는 영원한 은혜의 구조인 것이다.

한편 우리는 일반적으로 이러한 근본적 연결로 이어지는 존재성을 깨닫기보다는 외형적 존재 형태와 외관적 문화를 중심으로 세상을 인식하여 왔다. 심지어 사람 중에는 극도의 이기주의가 고질화하여 유한한 물자를 독점하거나 처절한 경쟁적 구도로만 세상을 이해하려 한다. 더군다나 현대문명의 기술 과학적 발전은 물질적 편의주의와 배금주의를 더욱 부추김에 따라 그나마 남아있던 연결의식[가족, 친지, 동료 간의 의리]조차 희미해지게 되는 결과를 초래한 것이다. '나 홀로', '나의 존재와 필요를 채우기 위해' 그런데 '모두의 도움을 받으며' 살아감은 불가능한 소망일 뿐이다. 그럼에도 이러한 극도의 이기적인 생각들이 기존의 연대감을 속속 파괴하며 존재의 삶과 의미를 무너뜨리고 있다.

소태산은 인류가 물질적 가치에 전도되어 직면하게 될 '인간적 정신의 쇠약 및 병증'의 사태를 예견하고 이러한 병증을 치유할 대안으로 '사은의 가르침'을 마련하였다. 사은의 가르침을 통해 소태산은 우주 내의 모든 존재는 함께 하나의 우주를 이루는 동포로서, 그리고 상호 간에 생존의 필요를 충족해 주는 서로 살림의 관계로 이루어져서 그 누구도 제외될 수 없는 절대적인 은혜의 관계로 맺어져 있음을 알리고자 하였다. 그리고 이러한 은혜의 기본 맥[사은]으로 맺어진 상호 간의 역할이 손상되지 않도록 감사심과 보은 생활이 실행되어야 함을 강조하였다.

바로 이러한 이유로 소태산은 '사은사요'의 가르침을 '인생의 요도'라 한 것이다. 사람으로서 마땅히 알아야 하는 우주적 은혜와 그 은혜의 구조를 지속되게 하는 '보은의 실천'으로 손상된 세계를 치유하고 은혜를 나누는 세계를 이루어야 함을 강조한 것이다. 손 쓸 수 없이 망가진 것으로 보이는 인류사회의 도덕성을 회복하고 서로를 살리며 살아갈 수 있는 '약재'가 있는데, 그것은 모든 존재를 공경하고 각각의 역할을 은혜로 갚는 것이라 하였다. 그리하여 오랫동안 막혀있던 은혜의 맥이 살아나게 하고 활발하게 가동될 수 있게 하는 것이 사은에 대한 진정한 보답인 동시에 은혜로운 세상을 만들어 가는 길이라 본 것이다.

이것이 모두를 고통스럽게 하는 원인[원망생활]을 모두를 행복하게 살 수 있는 감사생활로 돌려 서로가 인정하고 공경하는 은혜의 세상을 일구어내기 위한 소태산의 비전이다. 사람을 비롯한 우주의 전 존재에 대하여 살아계신 부처에게 대하듯 정성과 공경으로써 대하는 순간이 바로 행위자가 소망하는 복록을 불러들이는 행위가 되는 것이며, 소태산은 이를 '사실 불공'이라고 하였다. 나를 대하는 모든 존재가 내가 하는 바에 응하여 은혜롭게도 원망스럽게도 변할 수 있는 '진리의 응화신'이라는 것이다. 소태산은 이를 '산부처에 대한 실질적인 불공'이라 하였다. 결론은 그 어떠한 존재에 대해서도 근본적인 감사와 정성의 태도를 갖추는 것이 일상의 수행이 되어야 한다는 것이다.

   원망생활은 소수가 지니는 부정적 심법을 특정하는 삶의 자세가 아니다. 그보다는 차라리 인간의 기본속성처럼 체질화되어 있다고 보는 것이 맞을 것이다. 사람들은 자신에게 불행한 일이 닥치면 철저하게 원인을 찾는다고 하지만, 그 원인의 대부분을 자신이 아닌 타인과 주변 환경에 돌리는 것을 흔히 볼 수 있다. 원망은 나의 원하는 바가 이루어지지 않는 것에 대한 원인을 남에게서 찾고 그를 미워하며 등을 돌리는 마음이다. 원망생활이란 이러한 생활 의식이 일상화 되어있음이다. 내 불행의 원인을 남의 탓으로 돌리고 피해의식과 좌절감이 일상화된 것을 지칭한다.

이에 대해 소태산은 어떤 이유로 인한 것이든 원망의 순간에 그로부터 입은 '없어서는 살 수 없는' 은혜의 일단을 찾아보도록 하였다. 이것이 이른바 은혜 발견의 생활화이다. 그 근거로는, 모든 존재가 사은을 이루어 내가 살 수 있게 해준 근본 은혜와 내가 그로부터 은혜를 입었으나 미처 생각지 못했던 것을 생각해 내자는 것이다. 상대적으로 부족하거나 상실된 것에 대하여 극도의 원망과 미움을 일으키는 것은 지금 일어나는 눈앞의 사실만 보고 생각하기 때문이다.

"안으로 정신문명을 촉진하여 도학을 발전시키고 밖으로 물질문명을 촉진하여 과학을 발전시켜야 영육이 쌍전하고 내외가 겸전하여 결함 없는 세상이 되리라. 그러나 만일 현대와 같이 물질문명에만 치우치고 정신문명을 등한시하면 마치 철모르는 아이에게 칼을 들려준 것과 같아서 어느 날 어느 때에 무슨 화를 당할지 모를 것이니, 이는 육신은 완전하나 정신에 병이든 불구자와 같고, 정신문명만 되고 물질문명이 없는 세상은 정신은 완전하나 육신에 병이든 불구자와 같나니, 그 하나가 충실하지 못하고 어찌 완전한 세상이라 할 수 있으리오. 그러므로 내외 문명이 병진 되는 시대라야 비로소 결함 없는 평화 안락한 세계가 될 것이니라."

〈『원불교 대종경』 교의품 31장〉

소태산이 강조하는 정신문명의 핵심은 인의와 도덕이 중심이 되는 사회를 의미한다. 인의와 도덕은 구시대의 낡은 이론이 아니라, 근본적으로 하나의 바탕을 공유하는 존재들과 공존하기 위한 최소한의 근간을 구축하려는 것이다. 또한 '자리이타'라는 기본적인 정의가 확보되는 성숙한 세계를 살아가자는 것이다.

과거에도 인류사회에서 인륜 기강은 중시되었다. 인간이 지켜야 할 최소한의 실천 덕목으로서 인륜 기강은 사람들이 서로 믿음을 주고받는 중대한 통로로서 지속 가능한 사회를 구성하는 받침목과도 같은 것이다. 소태산은 자신이 성취한 대각이 자신의 생사를 불고한 구도의 역정, 곧 온힘을 다 한 노력과 이 노력에 감응하는 사은의 절대적인 도움의 결과로 가능한 결실이었음을 회고하였다. 여기서 '사은의 감응'이란 보이지 않는 진리적 감응과 현존하는 존재로서 천지자연, 부모, 친지 등 모두로부터 도움을 받는 현실적 감응을 두루 포함하는 것이었다. 이러한 깨달음을 거쳐서 사은의 윤기는 내 생명의 근거인 동시에 근본적이고 절대적인 도움을 지속해서 가능하게 하는, 우주의 영원한 생명의 존속을 가능하게 하는 구조임을 밝히게 된 것이다. 이를 통하여 우주 전역에 대한 경외감과 존재에 대한 근본적인 감사와 공경, 상호존중의 의식이 자연적으로 피어난다면 이것이 곧 상실된 도덕성을 근본적으로 살려내고 심화시키는 길이 될 것이다.

겉으로는 물질문명의 개화로 날이 갈수록 화려해져 가지만, 그 내면적으로는 나의 존재 근거를 외면하고 눈앞의 유혹에 끌려가고 본연의 뿌리가 메말라 간다면 편리함과 신기한 기능으로 오히려 다툼과 경쟁을 부추기게 되어 예측 불허한 어둠의 세계가 될 수도 있다. 물질과 원망에 끌려가는 순간, 각자의 현주소를 돌아보면 어떨까. '약간 천천히 그리고 함께'라는 생각을 갖는 것은 어떨까. 누가 무어라 해도 나라는 존재는 '무한한 은혜로 오늘에 이르렀다. 한순간도 혼자는 불가능한 생존 선상에 있음'을 하루 한 번씩만 상기하면 우리의 마음 걸음은 달라질 것이며, 우리의 공동체는 더욱 탄탄하고 따뜻해질 것이다. 원망의 마음은 결코 전체를 본 것이 아니다. 깜빡 잊고 있던 '은혜의 발견'을 실천해야 할 때이다.

감사의 마음을 갖는 순간이 내 존재의 진실을 드러내는 시간이 될 것이다. 그 순간 꺼져있던 내 지혜의 등불이 다시 밝아질 것이며, 모든 재능과 재화와 기계적 기능을 바른 방향으로 살려 쓰게 될 것이다. 감사심의 수행의 목적은 나의 존재와 생의 지속이 우주 전체로부터 주어지는 일체의 도움[사은]으로 가능함을 깨닫고 새로운 차원의 정체 의식을 확립하는 데 있다. 그럼으로써 은혜의 소종래가 되는 우주의 생명 살림의 존재 구조와 모든 개체 존재에 대하여 공경과 동포 의식[동체 의식]을 갖게 되며 공존의 의미와 중요성을 깨닫게 하는 것이다. 즉, 전 존재가 상호 간에 서로를 살아갈 수 있게 하는 버팀목을 이루고 있음을 깨닫고 감사와 상호 공경의 사회를 이루며, 서로 간에 은혜를 발생시키는 세상을 일구어 가자는 것이다. 나를 비롯한 모든 존재를 위해 기능하는 존재의 원리와 아울러, 존재 자체에 대한 감사심을 가지며, 서로 간에 공경심과 협력으로 훈훈한 사회를 함께 만들어 가자는 것이다.

6
보은의 세계

사요

참 나를 바르게 이해하여 삼학성[안정성, 연구성, 취사성]을 중심으로 '나'라는 개념에 변화가 생기면, 또한 존재들을 사은이라는 연결고리를 통해 서로 은혜를 주고받는 관계로 보게 되면, 개인의 용모나 가정환경에 국한되었던 자아개념에 변화가 오게 될 것이다. 우주의 모든 존재가 법신불의 진리를 성품으로 타고났다는 사실, 그러므로 나 역시 부처와 동일한 불성을 지니고 있다는 사실과 함께 일체 존재가 빠짐없이 그러한 존엄성을 타고난 존재라는 사실을 알게 된다. 거기에다 더하여 천지 부모 동포 법률의 헤아릴 수 없는 은혜를 통하여 나라는 존재의 지속이 가능하게 된다는 사실을 깨닫게 될 것이다.

이러한 두 가지의 관점에서 나라는 한 존재를 바라보면, 과연 나는 어떻게 살아야 할 것인가에 대한 길이 보인다. 이미 언급한 두 가지 깨달음의 선상에서 보면 결국 나라는 존재는 나 홀로 독립된 존재일 수가 없으며, 무한한 존재와의 연결 속에서만 가능한 존재임을 알게 된다. 그러므로 나 하나의 존재적 유지만을 생각하는 것이 부질없고 어리석은 것임을 알게 될 것이다.

소태산은 이에 따라 요청되는 '은혜의 자각과 갚음'을 생활 속에서 실천하는 길을 네 가지로 안내하였다. 이것이 사요四要이다. 소태산이 강조하는 보은의 삶이란 천지은天地恩에 대한 보은 조목에서 밝힌 것처럼 그 은혜로운 구조의 지속에 합력하는 것이다. 이를 통하여 비단 나 혼자만 잘 사는 것이 아닌 타인을 포함하여 함께 나아가려는 대아적大我的 공동체 의식으로 주위 사람들과 대중과 함께하는 성취가 나의 개인적 성취와 동행하여야 함을 강조하는 것이다. 사요는 소태산이 제시하는 바람직한 사회의 비전인 동시에 이 속에는 대승적 인격 완성과 대사회적 연계와 봉사는 물론 지속 가능한 발전의 미래를 위한 대안이 함께 들어 있다.

이 네 가지 실천이 중요한 까닭은 이 항목을 통하여 사은에 대한 보은을 실행하는 길이 되기 때문이다. 예컨대 자력생활, 지자본위, 타자녀교육, 공도자숭배를 실천하면 자연스럽게 보은적 삶의 시스템에 합류하게 되는 것이다. '보은의 삶'을 통해서 개인의 복조를 위한 노력[불공]을 특별히 하지 않아도 이 생활 자체가 은혜를 불러오고 은혜로운 삶을 지속하는 길이 된다는 것이다. 그러므로 일원상 진리에 바탕을 둔 사실적인 정신적 힘을 바탕으로 서로서로 은혜를 주고받는 사회로의 진입이 성사되는 것이다. 이것이 아마도 살아있는 불국토의 모습이리라.

7

자력의 길

일상 수행의 요법 6조

타력생활을 자력생활로 돌리자.

사은을 통한 은혜 구조를 살펴보면 모든 존재가 각각 입은 은혜는 상상을 초월할 정도로 수많은 존재의 합력적 구조 속에서 가능함을 알 수 있다. 설사 자신이 자력생활을 한다고 자부하였던 사람이라도 그것은 극히 부분적 자력에 불과하였음을 알게 될 것이다. 한 톨의 쌀, 한 가지 필수품, 의복 하나에 연결된 무한한 은혜의 연결고리를 생각한다면 그 은혜가 헛되지 않게 하는 길은 무엇이겠는가. 셀 수 없는 은혜로 존재하게 되는, 무한한 은혜가 투자된 나의 삶을 제대로 완성하고 의미 있게 해야 하지 않겠는 가. 그 길은 더욱 원만하고 완성된 정신과 육신을 갖추고 이를 바탕으로 자신은 물론 한 가정과 자신이 속한 단체, 국가, 세계의 구성원으로서 주어지는 역할을 능히 짊어질 수 있도록 함에 있다.

심지心地는 차등과 차별을 넘어선 생명의 핵과도 같은 것이다. 그런데 각자의 삶이 이어지는 동안 오랜 세월에 걸쳐 고정된 습관과 환경에 적응하는 방식이 고정되면서 차별화를 이루게 된다. 예를 들면 과거의 문화 속에서 오랫동안 남성은 강하고 무리를 대표하는 반면에 여성은 부드럽고 남성의 뒷바라지를 하며, 기본적으로 보호의 울타리 속에 사는 것이 관행이 되었다. 그 사이 여러 면에서 여성들의 의존적인 사고가 굳어지게 되었다.

자력생활에 있어서 소태산은 특별히 여성들의 의식과 생활환경에 주목하였다. 인간의 성품[심지心地]에는 남녀도 없고 위아래,

귀천의 구별이 없음에도 불구하고 많은 여성이 오랫동안 타력적인 삶의 구조를 벗어나지 못하였다. 소태산이 장려하는 자력생활이란, 이러한 과거의 차별을 넘어서 남녀 공히 시대적 학문을 배워서 가족의 부양을 책임질 수 있어야 한다는 것이다. 또 부모는 아들딸에 대한 유산의 상속을 차별하지 말고, 딸은 아들과 같이 부모 봉양의 책임을 수행하는 것이다. 특히 여성들은 남성으로부터 받는 사랑에 의존하지 말 것과, 남성 역시 여성에 대한 의존심으로부터 독립할 것을 권장하였다. 그리하여 남녀 간에 진리적으로 동일한 품성을 회복함으로써 떳떳한 정신의 기본을 갖추고, 교육의 기회와 직업생활을 통해 바른 판단력과 실행을 갖춘 완전한 인격체로서 사회국가의 구성원이 될 것을 독려하였다.

결국 소태산이 의미하는 자력생활은 모든 개인이 타고난 영장으로서의 각심覺心을 근간으로 오욕과 물질에 끌리지 않으며 자신을 제어하고 물질을 선용하는 생활을 실행하는 것을 의미한다. 사람은 누구나 차별 없이 훌륭하게 기능할 수 있는 정신성을 타고났음에도 불구하고, 차별적 시각이나 자신의 정체성에 대한 잘못된 인식에 묶여 제한적 성장에 그치거나, 타인의 능력에 기대어 의존적인 의식과 생활을 하는 것을 벗어나야 한다는 것이다. 그리하여 마치 하나의 꽃씨가 온전한 꽃을 피워내듯이 정신과 생활면에서 충실한 인격을 갖추도록 권장하는 것이 소태산이 의미하는 자력양성의 본의일 것이다.

 인류의 자력을 향한 역사는 아마도 이제 시작에 불과한지도 모른다. 그 이유는 지금까지는 정신의 속성과 사용법이 사람들에게 제대로 알려지지 못한 상태에서 극히 제한적인 범주 내에서의 성장을 두고 인간적 자력의 총체로 인식해 왔기 때문이다. 짐작하건대 사람으로서 정신의 세 가지 힘을 통하여 새로운 정체성을 갖추고, 이 변화된 정체 의식을 바탕으로 '나'라는 존재가 의미 있게 성장해 가도록 주력한다면 자신의 모든 재능을 비롯하여 나를 둘러싸고 있는 모든 환경을 바르고 유용하게 사용할 수 있게 될 것이다.

 소태산이 의미하는 자력생활이 가능해지려면 첫째, 사람은 남녀나 노소를 불문하고 삼학 수행을 통한 정신의 힘을 바탕으로 육신의 의식주를 구해야 내외 겸전한 자력을 갖출 수 있다. 둘째,

모든 존재는 사은이라는 우주적 은혜의 품 안에서 존재들과의 상호 도움과 협력을 통해서 존립이 가능하다는 것을 알아서 항상 이기심을 극복하고 자리이타를 실행하여야 근본적이고 지속 가능한 자력생활의 길이 열릴 것이다.

이러한 양면의 자아 인식을 통한 자력양성이 주는 의미는 첫째, 존재의 핵을 이루는 정신을 단련하여 우주적 진리와 동일한 삼대력[정신의 세 가지 큰 능력]을 활성화할 수 있게 됨이며, 둘째, 사은을 통하여 모든 순간의 생명이 지속되는 이치를 알아서 자신에게 베풀어진 온갖 도움과 협력에 감사하는 동시에 그 은혜의 구조가 지속되도록 삶의 기본을 확립하게 됨이다.

소태산의 자력생활이라는 표어는 자력을 의무화하는 억압이 아니라, 정신적 의존성을 벗어나 평등한 자성의, 자각의 주인공으로서 각심에 바탕한 정체성을 회복하자는 것이며, 오욕과 물질적 유혹에 끌리지 않고, 모든 재화와 환경을 법 있게 운전하고 선용하는 자유의 길을 가게 하려는 것이다. 이러한 깨어있는 의식으로 무한대의 합력이 펼쳐지는 생명의 대열에 합류하여 '함께 살려가고 보호하는' 은혜의 세상을 가꾸어 가야 할 것이다.

동시에 제도적으로 자력양성을 뒷받침하는 다양한 정책이 뒤따르게 된다면, 이것은 한 개인에 대한 도움으로 끝나는 것이 아니라 가정과 공동체, 국가의 살림을 한껏 키워주는 생산력의 제고 효과를 동반하게 될 것이다. 한마디로 자력을 키운다는 것은 누구든지 각심覺心을 활성화하고, 사은으로부터 받은 무한한 은혜를 갚아갈 수 있는 원만한 인격을 이루어가자는 것이다. 소태산은 인간의 자력 의미를 육대강령[육신에 관한 의·식·주 삼 건과 정신에 관한 일심·알음알이·실행의 삼 건을 말함]으로 밝힘으로써 인간의 완성에 대한 새로운 이정표를 제시한 것이다.

8

배움의 생활화

일상 수행의 요법 7조

배울 줄 모르는 사람을 잘 배우는 사람으로 돌리자.

자력의 한계는 배움으로 극복될 수 있다. 배움의 가치와 중요성은 아무리 강조해도 부족할 만큼 절대적이다. 소태산이 밝히는 배우는 도의 핵심은 모든 사람의 타고난 재능이 차별 없이 인정받고 존중되어야 한다는 데 있다. 또 한 가지는 배움을 구하는 사람의 책임과 기본이 보장되는 사회라 하겠다. 한 사회를 구성하는 데는 모든 구성원의 다양한 역할과 협력이 아니면 불가능하다. 유감된 사실은, 현실적으로 기능이나 지식을 제공하게 되는 것은 다양한 계층과 연령대에 있는 개개인인데, 그 개인들이 지닌 재능에 대한 가치 인식이 그 사회의 전통적 차별의식의 영향을 받게 된다는 점이다.

소태산이 강조하는 배움의 자세는 철저하게 지자智者를 위주로 한다. 소태산은 '말과 행동, 덕행德行, 정무능력, 생활지식, 학문과 기술, 모든 상식 중 어느 것이라도 자기 이상이 되는 사람을 스승으로 알 것'이라고 하였다.〈『원불교 정전』지자본위 참조〉 '지자를 위주한다'는 것은 이들로부터 지식[배움]을 구할 때에 '모든 불합리한 차별제도[계급, 출신, 나이, 성별, 종족간 차별]에 끌리지 말고 배움의 목적을 이루도록 하자는 것이다.〈『원불교 정전』지자본위 참조〉 오직 배움을 구하는 때에 이에 합당한 사람을 찾아 절대적인 공경의 자세로 배울 것이며, 배움의 기회를 만났으되 차별적인 의식에 묶여 그 기회를 놓쳐서는 안 된다는 것이다.

지식을 구하는 사람의 태도가 이처럼 변화되어 갈 때, 지식을 전달하는 지자智者의 마음에도 확고한 책임과 상호존중의 자세가 갖추어지게 될 것이다. 따라서 개개인이 지닌 모든 역량이 자신감과 책임감으로 사회에서 안정되게 발휘될 것이다. 이러한 방식으로 개인들의 자존감과 책임감이 구석구석 살아날 때 그 사회는 불신과 불만을 극복하고 진정한 평등과 인격의 보장이 실현될 것이다.

배우고자 하는 마음의 발로는 나보다 나은 사람을 인정하는 것이며, 이를 실행에 옮기는 것은 지자를 정당하게 예우하는 마음이다. 이 마음을 실행함은 곧 자기중심을 벗어나는 수행이기도 하다. 상대가 나보다 나은 것을 알면 그를 시기하거나 그가 받을 대우를 실력 여부에 상관없이 '내가' 받고자 하는 마음을 갖기 쉽다. 이러한 욕망을 떨치는 것은 지식의 진정한 가치를 생각하고 존중하는 의식이 없으면 실행이 어렵다. 말하자면 이 공부는 지식과 재능의 가치를 소중하게 알 뿐 아니라, 다른 이를 인정하는 마음으로부터 시작하는 것이며, 항상 내 자력의 한계를 극복하고 향상하려는 마음을 실행하는 것이다. 또한 다른 이의 재능을 기꺼이 인정해 주며, 실질적으로 질긴 무명無明을 탈피해 나가는 길이다.

또한, 이는 특정 기능을 가진 사람이 그 기능이 요청되는 상황을 벗어났음에도 불구하고 항상 존귀한 대우를 받게 하자는 것이 아니다. 오직 배우고자 하는 때에 그 지식을 갖춘 사람의 사회적 신분에 상관없이 스승으로서 대하자는 것이다. 기존의 차별적인 배움의 의식은 비합리적인 특권의식과 자기만족에 빠져서 개인의 성장을 방해하게 되며, 해당 공동체의 발전이 지체되고 차등이 심한 사회를 만드는 원인이 되기도 하였다.

소태산의 지자본위는 모든 사람이 갖고 있는 기능이나 역량을 필요한 상황에 맞게 쓰이도록 하며, 이를 차별 없이 인정하고 예우하는 정신을 기르자는 것이다. 이로 인하여 성별과 지역, 때로는 학벌이나 직업적인 고하 의식에 상관없이 능력을 우선하며 이에 대해 진정을 담아 대우하게 될 것이다. 그럼으로써 모든 사람이 자신의 직업이나 기능에 대하여 자부심을 느끼고 상대적 열등감이나 차별감을 느끼지 않아도 되는 사회를 만들자는 것이다.

배우는 정신의 근본 목적은 무엇보다도 사람으로서 지닌 각심의 기능을 최대한 활성화하는 것과 아울러 어느 순간에든 '바른 분석'으로 빠른 판단을 내리기 위한 것이라고 할 것이다. 이처럼

바른 분석과 빠른 판단의 지속적인 발전 가능성은 오직 '사람'에게만 주어진 최상의 선물이다. 이 최상의 능력을 살리기 위하여 최상의 정보를 구하는 입장에서 상대의 지위나 빈부, 남녀 등의 차별에 가려져서는 안 된다는 것이다. 그리하여 모든 구성원들의 재능이 빠짐없이 인정받고 존중받게 됨으로써 바르고 좋은 정보가 장애 없이 제공되는 사회, 각자의 능력이 더욱더 책임과 함께 성장하는 사회를 만들어 가려는 것이다. 이를 통해서 모든 구성원의 삶이 보장되는 진정한 평등 세상을 일구자는 것이다.

9

배움을 나누는 길

일상 수행의 요법 8조
| 가르칠 줄 모르는 사람을 잘 가르치는 사람으로 돌리자. |

이 조항의 핵심은 인류의 후세에 대한 공동의 책임 의식, 특히 무명을 걷어내는 공동의 책임을 고취한 것으로 생각된다. 후세 양육의 경우를 살펴보면, 한두 명의 친자녀를 대상으로 경제력을 쏟아부어 교육하게 되는데, 문제는 경제적으로 어려운 가정의 자녀들은 공부할 의욕은 충분하지만, 교육받을 기회를 만나기가 어

려워 교육의 사각지대에 놓이는 경우가 매우 많다. 또는 경제가 충분한 가정에서는 자녀가 없으면, 과거 조선[아마도 일부이지만 현재에 이르기까지도]은 양자를 구하여 친자로 입적시켜 양육하는 전통을 갖고 있다. 양자를 들이는 목적은 혈통을 이어 갈 아들이 없거나, 본인이 늙고 병들게 되는 시기의 보살핌과 사후의 기념 제사를 받기 위함인 경우가 대부분이라 하겠다.

  소태산은 부모 된 이들이 자기 자녀에 국한된 교육을 넘어서 타인 자녀들의 교육을 위해 교육 사업에 동참하기를 권하였다. 즉 가능한 많은 수의 어린이에게 교육의 기회가 주어지기 위해서는 국가 차원의 교육에 대한 장려와 함께 교육기관의 확장, 지도자의 배출 등 제도적인 면이 중요한 것이 사실이다. 한편, 각 가정의 호주로서 자신의 자녀 외에 타인의 자녀들에게도 배움의 기회가 주어지도록 노력한다면, 대부분의 후세가 교육을 통하여 인격과 기능을 쌓아갈 수 있게 될 것이다. 이 결과로 대부분의 후세가 인격과 재능을 갖춘 인재로 성장하게 되어 가정은 물론이고, 기관단체나 국가의 운영에 발전이 따르게 됨은 자명할 것이다.

  아직도 우리 주위에는 자신이 낳은 자녀에 대해서만 깊은 애정과 함께 집착을 갖고 교육에 임하는 경우가 적지 않다. 한 가정이나 국가는 교육받은 후진이 있어야 그 미래를 기대할 수 있음을 생각한다면 이는 큰 손실이 아닐 수 없다. 현 인류는 이미 전 세대로부터 공동의 혹은 개인적인 유산을 넘겨받아 천지자연의 품 안에서 또한 사회적 제도 안에서, 생존과 함께 교육의 기회와 문화적 삶을 영위하는 혜택을 누려왔다. 그렇다면 적어도 우리가 받은 공동의, 혹은 개인적인 유산에 대해 미래의 후진들에 대한 교육의 책임을 나누는 것이 기본 도리가 되어야 한다. 흔한 속담처럼, '고기를 주는 것보다 고기 잡는 기술을 이전해 주는 것은 평생의 자산을 마련하게 해주는 것'임을 생각할 때, 다음 세대에게 물려주는 유산으로는 보물이나 재물에 앞서 바른 교육을 받을 기회를 잃지 않도록 하는 것보다 유용한 것이 없을 것이다. 사람 사람이 내 자녀, 남의 자녀에 대한 분별을 뛰어넘어 어려운 가정의 자녀들이 고른 교육의 기회를 얻도록 최대한 합력하자는 것이다.

소태산은 '교육의 기회를 받은 사람들'이 그 교육받은 바를 보다 많은 사람과 나누지 못하면, 이는 교육을 받지 못한 것과 다름이 없는 것이라 하였다. 교육받은 이로서 그 교육의 가치를 보다 많은 이들과 공유한다면, 이는 비단 그 사회의 미래를 밝게 할 뿐 아니라, 이를 실천하는 개개인은 가정의 울을 넘어 교육 방면의 복지를 실천하는 것이 되는 것이다. 이와 같은 식으로 후세에 대한 교육의 기회를 넓히는 사람이 많아지면 교육에 대한 복지는 점차 국가와 전 세계로 확장될 것이다.

결과적으로 많은 어린이가 혹 무자력한 경우에 처하더라도 교육을 받고 자력을 키울 수 있는 기회가 항상 열려있는 사회가 될 것이다. 잘 가르치는 정신의 실행은 소속된 사회의 어린 후세들이 부모에게만 의지하지 않고도 다양한 기회를 만나 충실한 배움의 기회가 주어지도록 하자는 것이다.

소태산은 사람의 인격은 90%가 배움을 통해 이루어진다고 하였다. 또한 사회의 질을 결정하는 것은 바로 구성원의 배움이 가장 우선일 수밖에 없다. 사람이 아무리 뭇 동물과 다르게 뛰어난 기본적 자질을 타고난다고 하더라도 제도적인 뒷받침과 많은 사람의 자발적인 후원에 따른 다양한 교육의 기회가 없다면 어떻게 될까? 사회 구성원 중 일부 소수만이 수준 높은 교육의 기회를 얻는 데 그칠 것이며, 대중의 교육 정도는 기초 수준이나 혹은 그 이

하에서 멈추게 될 것이다. 자신이 낳은 자녀인지 아닌지의 여부에 묶이지 않고 가르침이 보장되는 사회를 함께 만들어 간다면 세대 간의 교육적 순환이 원만하고 충실하게 이어질 것이며 그 사회의 성장 또한 당연하게 지속될 것이다.

10

❀

더불어 나누는 사회

일상 수행의 요법 9조

| 공익심 없는 사람을 공익심 있는 사람으로 돌리자. |

"자기의 이욕이나 권세를 떠나 대중을 위하여 일하는 사람은 대중이 숭배해야 할 가치가 있는 사람이며, 또한 마음이 투철하게 열린 사람은 대중을 위하여 일하지 아니할 수 없는 것이니라."

〈『원불교 대종경』 인도품 51장 참조〉

사람이 자기의 타고난 성품을 자각하고, 우주적인 공존의 메커니즘[사은四恩]으로 생명을 누리게 되는 것을 알면, 자아의 개별적 측면에 집중되던 정체 의식이 변화하게 될 것이다. 사람의 성품은 본래 하나이며, 나라는 존재는 우주의 전 존재 간의 연계를 통하여 생명을 지속하게 되는 것임을 알게 되기 때문이다. 이것을 인식하게 되면 나 하나만을 절대적으로 알고 아끼던 이기적 생각이 변하게 되며, 그동안 대단치 않게 보아왔던 여러 사람, 다양한 특성과 역할을 수행하는 숨은 존재들에 대해 새로운 연결감과 동체 의식이 눈을 뜨게 될 것이다.

소태산이 지향하는 공익정신의 발로는 사은의 우주를 깨닫고 이해하면서 마음이 '투철하게' 열리는 것으로부터 비롯한다. 나의 생명이 지속되게 해주는 우주적인 차원의 연대, 그리고 한순간도 멈춤 없이 생생약동하며 살아있는 우주의 무한 생명을 깨닫는 것은 광활한 우주의 체험인 동시에 '나의 무한 확장'이라는 새로운 차원의 눈을 열어주게 되기 때문이다. 이로써 그동안 자연은 자연대로, 사람은 사람대로, 동식물은 동식물대로 전혀 다른 범주에 속하던 존재들의 연결이 보이며, 이를 통해서 한마디로 '둘이 아닌' 세계가 열리게 된다. 하나가 아니지만 둘이 아닌, 그러나 결국은 하나로 통하는 생명의 연대를 확인하게 되는 것이다. 소태산은 일원의 진리를 깨닫는 경지를 다음과 같이 정리하였다.

"이 원상의 진리를 각覺하면, 시방 삼계가 다 오가吾家의 소유인 줄을 알며, 또는 우주 만물이 이름은 각각 다르나 둘이 아닌 줄을 알며, …하략."〈『원불교 정전』제2 교의편 제5절 일원상 법어 참조〉

소태산은 자신은 비록 한 줌도 안 되는 공기를 호흡하지만, 공원 전체를 주인의 정신으로 아끼며, 서울과 부산을 관통하는 철도를 나의 살림으로 알면서도 존절하게 이용하는 정신을 통해 시방 삼계를 오가의 소유로 삼는 정신적 경지를 보여준 바 있다.〈『원불교 교전』불지품 17장 참조〉

이렇게 일원상의 진리[우주적 실체]를 통해 한 몸을 이루는 우주 만유, 그중의 한 부분을 이루는 나는 이미 전일의 나와는 다른 눈으로 세상을 이해하고 대하게 된다. 나는 가족이나 공동체를 대함에 '나의 이익을 실현하기 위한 수단'으로 대하지 않으며, 많은 사람이 수용되는 큰 살림의 주인 된 마음으로 임하게 된다. 그리하여 그가 이르는 곳마다, 공동체의 과제를 해결함에 개인적 자아에 대한 집착이나 욕심이 없이 헌신하고 살려내기에 힘을 아끼지 않는 '공익의 마음을' 실행하게 된다. 공동체의 소중함을 알게 되고, 생명의 지속을 위한 합력과 배려를 배우게 되면 나만을 위한 이기심에 집착하는 것이 무의미하다는 것을 알게 된다. 그리하여 개인적 범주의 집착을 버리고 타인의 삶에 도움을 주거나, 한 공동체의 구성원으로서 모두가 속한 공동체를 나보다 먼저 살리기 위해 기꺼이 베풀고 합력하려는 마음이 일어나는데 이러한 마음이 곧 공익심이다. 내가 속한 단체에 대한 애정은 전체의 전 구성원을 위하고 배려하는 행동으로 표출된다. 그러므로 다수의 구성원이 공익심을 갖고 있으면 그 단체는 성공할 수밖에 없다.

공익의 정신은 우선 '나'를 생각하기보다는 더욱 넓은 의미의 대아大我로부터 '참 나'를 깨닫고, 참 나의 차원에서 생각하고 실행하는 마음이다. 이러한 의식은 나만의 세계를 벗어나 내가 속한 가정, 단체와 국가, 세계를 바라볼 수 있는 열린 눈으로 발전하게 된다. 즉 자신이나 가족에게만 쏟아왔던 애틋한 마음과 동정심, 개인적 울타리 내에서만 함께 나누려는 마음이 개인과 가족의 울을 벗어남으로써 '보다 큰 나'에 대한 인식으로 열려가는 것이다. 궁극적으로 대아의 실현은 세계를 하나의 공동체로 보며, 세계적 공동체의 밝은 앞날을 위해 함께 생각하고 실천해 가는 삶을 이름이다.

소태산의 수행은 삼학적 자아, 사은적 자아를 통해 진리적 대아를 발견함으로 비롯하여 공익의 정신을 실행하고 이에 대해 상을 내지 않는 '무아봉공'으로 완성에 이른다. 무아의 진정한 의미는 자아개념의 상실에 있는 것이 아니라, 모두의 합력을 통해 살아가는 대아적 존재의 실상을 깨닫고, 존재 간의 차별심을 초월하여 공익과 전체를 살리기 위해 나를 잊고 헌신하는 마음에 있기 때문이다. 무아의 깨달음은 결국 공익정신을 실행할 때 그 깨달음의 가치가 제대로 발휘되는 것이리라.

그러나 공익의 실천은 허망하게 자신을 희생하는 것과는 전혀 다른 결과를 가져다줄 것이다. 공익정신으로 제고된 구성원들이 저마다 공익을 우선하며 행동한 결과는 공동체의 발전과 개인의 발전을 보장하며, 이러한 구성원이 많아진다면 모든 구성원 간의 신뢰가 증대하고 당연히 모든 구성원의 행복한 삶이 보장되게 될

것이다. 그러므로 항상 상대와 '전체의 행복'을 함께 염두에 두는 '공익심을 키우는 교육'은 아무리 강조해도 지나치지 않다. 이를 통하여 개인주의가 아닌 구성원 모두에 대한 애정과 협력, 나아가서는 헌신을 가능하게 만들 것이다.

소태산은 단체 내의 구성원이 이러한 마음으로 자신의 이익보다 공동체의 이익을 우선하는 행동을 할 경우 이를 진심으로 소중하게 생각하며 진정한 예우를 해야 함을 강조하였다. 소태산은 개인의 이익을 넘어서서 공익적 삶을 실천하는 이들에 대해 진정한 감사와 이에 대해 보답하는 '공도자에 대한 예우'가 절실하다고 하였다.

개개인은 개인을 넘어 공익을 생각하고 실천하는 것이 중요하지만, 또 다른 한편으로는 공익차원의 삶을 택하는 구성원이 많아지도록 하려면 그러한 구성원을 제도적으로 대우해야 한다는 것이다. 한 사회에서 이처럼 공익정신을 실행하는 사람들을 인정하고 귀하게 여기는 풍토가 마련되면, 그 속에서 '공익'의 의미를 배우며 제2, 제3의 공도자로 성장하는 후진들이 이어지게 될 것이다.

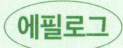

왕자와 거지

> 영국 런던, 같은 날 같은 시각에 호사스러운 궁에서 왕자의 신분으로 태어난 에드워드와 도시의 뒷골목 가난한 집에서 태어난 톰 사이에 벌어진 이야기.

 왕자 에드워드는 호기심과 부러움으로 우연히 궁중 안을 들여다보다가 병사에게 잡혀 욕을 당하는 거지 소년 톰을 가엾게 여겨 자신의 방으로 초대한다. 이렇게 이루어진 둘의 만남으로 이 이야기는 시작한다.
 왕자는 소년을 위로하기 위하여 먹을 것도 주고 자기의 방을 구경시켜 주다가 거울에 비친 둘의 얼굴을 보고 너무 똑같아 깜짝 놀란다. 그리하여 기발한 장난을 생각해 낸 왕자는 거지 소년과 옷을 바꿔 입고 잠시 궁 밖을 구경하고 오기로 하고 이를 실행에 옮긴다. 단지 옷만 바꿔 입었을 뿐인데 이들은 상상도 못 할 엄청난 인생의 변화를 겪는다. 가난했지만 동네 신부로부터 라틴어도 약간 배운 적이 있는 톰은 이상한 변화가 있지만 사람이 바뀐 것은 상상도 못 하는 궁인들의 호의로 그럭저럭 궁 생활에 적응한다. 심지어 불쌍한 사람들을 돕고, 잘못된 법을 바로잡아 가면서 점차로 신뢰를 받고 때로는 찬사까지 받는다. 다만 한 가지 결정적인 결함을 제외하고는 말이다.

한편 왕자 에드워드는 누더기를 입기는 했지만, 여전히 궁중에서처럼 왕자로서 당당하게 행동하다가 주변으로부터 오해를 받고 이에 따라 수 없는 위험에 빠진다. 다행히 충직한 무사를 만나 절대적인 보호를 받으며 결국은 무사히 궁에 도착한다. 그 무렵, 궁에서는 왕의 임종을 앞두고 왕자에게 왕위를 물려주어야 하는 시점이 되었다. 마침 처음 톰이 궁 안을 들여다보다가 시끄러워진 상황에서 왕자가 구해준 사건을 재연하듯이 이번에는 자신이 왕자라며 궁 안으로 들어오려다 봉변을 당하는 거지 모습의 왕자 에드워드를 톰이 나서서 구해준다. 모든 대신은 똑 닮은 두 소년을 두고, 더군다나 그간에 이미 많은 것을 습득한 거지 소년 톰과 왕자 사이에서 과연 누가 진짜인가를 가려내야 하는 큰 과제 앞에 어찌할 바를 몰랐다. 이에 한 대신이 지혜를 내어 그동안 톰이 해결하지 못했던 유일한 숙제인 바로 '옥새'의 행방을 아는 자가 진짜 왕자요 왕위 계승자라고 하자 모두가 이에 찬성한다. 그러자 에드워드 왕자는 자신 있게 옥새가 있는 장소를 단번에 알려준다. 이 말에 대신들은 그가 바로 진짜라고 생각하여 우르르 그에게 몰려갔다. 그러나 아쉽게도 방으로 찾으러 갔던 신하가 허탕을 치고 돌아오자 실망한 사람들은 다시 톰에게 우르르 몰려들었다.

이에 톰은 궁금증을 참지 못하고 묻는다. "그 '옥새'라는 것이 대관절 어떻게 생긴 것인가?" 이에 한 대신이 옥새의 대체적인 크기와 모양을 말하자, "그것이라면 내가 알고 있노라."며 장소를 말했다. 이번에는 신하가 마침내 그토록 찾던 옥새를 높이 받들고 나타나니 모두가 환호성을 지른다. 그러자 한 신하가 물었다.

"그 장소를 어떻게 바로 기억하셨는가요?" 톰은 "내가 그것을 종종 사용하였기에"라고 대답한다. "그렇다면 그것으로 도대체 무엇을 하셨는가요?" 하고 다시 묻자, 톰은 작은 목소리로 "호두를 까먹는 데 썼어요."라고 하였다. 이에 모든 사람이 "와!" 하고 웃고는 이로써 모든 일이 평정되었다. 이것은 마크 트웨인의 소설 『The Prince and the Pauper』 내용을 요약한 것이다.

옥새란 모두가 알다시피 임금의 권위를 상징하는 왕의 인장이다. 톰은 왕자의 방에 기거하면서 여러 가지 수용품을 누리게 되었고, 특히 단단하고 멋있는 문양이 새겨진 품격 있는 물건인 옥새를 보고는 방안에 넉넉히 갖추어진 왕자의 간식거리 중 하나인 호두를 까는 데 안성맞춤인 것을 알아채고 무척 행복하게 이를 사용해 왔다.

틈틈이 옥새로 호두를 까먹으며 호사스러운 한가함을 누렸을 톰에게 옥새는 정말 사랑스러운 도구였으리라. 이는 마치 사람들이 성품의 이치를 모르지만, 자신도 모르는 사이에 한번씩 그 효능을 발휘하면서 덕을 보고 행복해하며 사는 것과도 같다는 생각이 든다. 옥새가 무엇인지 모른 채 그 가치의 극히 일부만을 사용하면서 만족스러웠던 톰처럼.

왕의 권위를 상징하는 것으로서 옥새가 무엇인가를 알면 그것으로써 한 나라를 이어받고 다스리며 숱한 크고 작은 일에 권위를 행사하며 엄청난 효용을 발휘할 수 있는 것이다. 하지만 그 실체와 사용법을 모르면 호두만 까먹어도 충분히 만족하게 생각하며 고생 속에 살게 된다.

인류가 지닌 정신은 그 본질을 알고 사용법을 제대로 알게 된다면 지금까지와는 비교할 수 없는 놀라운 능력과 행복을 불러올 보배 중의 보배이다. 그 정체와 사용법을 잘 모른 채 살아온 인류는 이제라도 정신의 정체를 자각하고 새로운 단계를 위해 서원을 세우고 힘을 모아야 할 때다. 소태산은 이 소식을 인류에게 전하고 그 길을 마련하여 인류의 삶과 세계를 변화시키고자 한 것이다.

영보국의 주인

옛적에 한 스승이 제자에게 일러 말하기를, "천하에 주인 없는 한 집이 있으니, 이것을 이르기를 '영보국'이라, 그 가운데 천하의 무궁한 묘함과 무궁한 보배와 무궁한 재물을 감추어 놓고 팔만 사천 문로를 통하여 열어놓고 담과 담을 둘러싸고 하여금 욕심 있는 자와 게으른 자와 어리석은 자와 불신한 자들로서 각각 여러 문로를 지키라 하고 명하여 말하기를, 탐하고 욕심 있고 게으르고 어리석고 불신한 자가 와서 이른즉 너희 등이 각각 지켜서 단단히 막고, 비록 아무라도 정성 있고 믿음 있고 온전하고 한결된 자가 와서 이른즉 문을 열어드리어 이들로 하여금 빈집의 주인을 삼아 무궁한 재물과 보배를 허락하여 주라."고 하매, 세상 사람이 다 이 말을 듣고 웃으면서 버리고 취하지 아니하며 말하기를 "이러한 재물과 보배를 내가 어찌 감히 취하리요. 이것은 복 있고 인연 있는 자가 마땅히 취할 바이라." 하여 감히 가서 구하지 아니한즉, 그 사이에 능히 들어가 취하는 자는 오직 천만 사람 가운데 한두 사람뿐이요. 그 나머지는 불신하고 욕심 있고, 게으르고 어리석은 자이라, 슬프다 이 사람들이여, …중략… 이 보배가 밖으로부터 오는 물건이 아니요. 이것이 집 안에서 나고 나는 무궁한 물건이니라.

〈소태산 술『수양연구요론』참조〉

한 사람이 있다. 그는 언제부터인지 셀 수 없는 세월을 감옥에 갇혀 지내고 있다. 그는 항상 자유를 동경하며 고통스러운 죄수의 삶으로부터 탈출을 꿈꾼다. 그런데 그것이 불가능하다. 정말 여러 번 탈출을 시도했으나 그 시도가 헛되게 된 이유는 그 감옥을 지키고 있는 문지기들의 감시에서 벗어날 힘이 없기 때문이다. 탈옥에 성공할 가능성은 단 하나, 사방을 지키고 있는 네 마리의 용들이 잠들었을 때를 이용하는 것이다. 그들이 잠에서 깨어 눈치채기 전에 옥문을 부수고 탈출하면 된다. 그런데 문제는 이 용들이 서로 교대로 잠을 자면서 지키므로 한순간도 안전한 기회를 잡을 수가 없다. 그럼에도 그가 마침내 옥문을 부수고 뛰쳐나가는 한순간이 있으니, 그러한 순간을 소태산은 다음과 같이 표현하였다.

"때에 밤이 적적하고 고요할 적에 수갑을 끄르고 잠긴 쇠를 부수고 옥을 넘어 몸을 벗어난즉, 동서를 분간하지 못하고 곧 도망하여 지경[경계]을 나갈 즈음에 독한 용과 모진 짐승이 앞에 당해도 두려운 마음이 없고 화살과 돌과 칼과 창도 또한 무섭고 두려운 마음이 없어서 빨리 달아나기를 위험을 무릅쓰고 기구하니 험한 길을 평지같이 밟으며 가시덤불을 초개같이 보나니 이것이 어떠한 연고이냐 하면, 차라리 다른데 죽을지언정 이 옥 가운데에서 죽지 아니할 뜻이니라." 〈소태산 술 『수양연구요론』 참조〉

이 보배는 우리 개개인 모두에게서 나오는 무궁한 보물을 일컬음이다. 우리 개인 모두에게 비할 수 없는 보배가 들어 있음에도 그것을 찾아내지 못한 채 밖으로만 겉돌면서 인생의 가치를 제대로 드러내지 못하고 인생의 참된 맛을 제대로 경험하지 못한 채

산다면 그 얼마나 억울할 것인가? 감시자의 수는 팔만 사천에 이르는 대군이라고 한다. 그러므로 한순간도 그 감시망을 피해 무엇인가를 시도해 볼 수가 없다는 것이다. 그런데 그 감시자들은 과연 어디에서 내가 영보국에 들어가는 것을 지키고 있겠는가?

그들 또한 밖으로부터 나를 지키는 것이 아니라, 내 안에 들어 있으면서 나를 감시 중이다. 그 문지기들은 실은 사람이 아니다. 이들 부대에는 각각의 이름이 있다. 바로 불신, 탐욕, 게으름, 어리석음으로 이들은 네 가지 부대로 이루어진 팔만 사천의 군대이다. 그리고 이들 군대가 맡은 일은 영보국을 에워싸고 불신과 탐욕과 게으름, 어리석음을 가진 사람들이 영혼의 보물이 보존되어 있는 영보국에 들어가지 못하도록 막는 일이다.

이 군사들, 이 군대가 생긴 때가 대체 언제인지, 그들의 나이가 얼마인지 아무도 모른다. 아마도 수천수만 년 묵은 용들이라고 해야 할까. 대체 이들을 무슨 수로 당한단 말인가. 불을 뿜고 포효하며 날아오를 때면 그 불을 끌 재주가 없고, 때론 어둡고 혼탁한 기운으로 나를 타고 눌러대면 손가락 하나도 까딱할 수가 없게 된다. 욕심이 치성하다가 가라앉을 때쯤이면, 무조건 모든 것을

에필로그

미루고 늘어지고 싶은 게으름의 용이 등장하고, 게으름이 사라질 만하면 다시 불신의 어둠이 모든 의욕을 덮어 버린다. 어느 때인가 대체, 옥문을 부술 도구가 손에 넣어지는 그날이 올 때는?

    소태산은 그 열쇠의 이름은 믿음, 분발, 의문, 정성이라고 하였다.
    어느 날, 간절하고 간절하게 꿈속에서도 소망을 잊지 않던 그 순간!
    그들이 잠에 곤히 빠져든 순간!
    바로 지금이다!!!